Gabriele La Fauce

"Eurocrisi"
La moneta unica che divide

PREFAZIONE

Questo saggio è stato concepito sotto la spinta dell'emergenza che ha determinato la crisi, finanziaria prima, e dell'economia reale poi. L'occasione per la sua stesura è stata rappresentata dal dibattito che, estendendosi a più riprese nei vari campi del sapere, ha visto orientamenti ben precisi ed idee formarsi anche in ordine alle possibili soluzioni di campo. La crisi ha costituito il banco di prova per economisti, professionisti della politica e sociologi per affinare il proprio ragionamento intorno alle teorie da loro sostenute, alcune di esse vecchie, altre più recenti sviluppatesi sotto la spinta delle contingenze, sulla scia delle precedenti o addirittura in netto contrasto. Ad attirare l'attenzione mia e di altri "soggetti pensanti" è stato proprio il disordine concettuale di chi, con improvvisazione, si è avvicinato ai problemi in atto; tutto questo non poteva non suscitare la perplessità e la curiosità di approfondire, anche attraverso un breve richiamo della storia passata, le dinamiche che stanno dietro a concetti apparentemente semplici e conosciuti come quelli della crisi, della disoccupazione e del debito pubblico. Il carattere globale della crisi ha imposto una trattazione altrettanto ampia che riconduce al pensiero dei più grandi e autorevoli economisti, fino a scorgere le posizioni più critiche nei confronti della politica economica nazionale ed europea.

Evidentemente, l'attuale dibattito ha generato un bipolarismo, ovvero, una netta – ed a mio avviso volgare – contrapposizione tra chi propende per un'immediata uscita dalla moneta unica, considerata l'unica responsabile della crisi, e chi, invece, sottolinea la necessità di non tornare indietro. Il contenuto delle pagine che seguono si avvicina, con molta cautela, a questo argomento di difficile trattazione, cercando di offrire una rappresentazione obiettiva e completa dei fenomeni oggetto del nostro studio. Ovviamente non nego l'esistenza di eventuali carenze determinate proprio dalla voglia di scrivere "tutto d'un fiato" un testo che, comunque, non ha la pretesa di essere conclusivo. Chi propone l'uscita dall'euro senza troppi se e senza troppi ma, facendo ricorso a teorie valide, forse, in altri contesti, richiama un modello stilizzato che non tiene conto di un'intera classe sociale che patisce gli effetti della crisi.

Inoltre, le disuguaglianze, le distorsioni e le ingiustizie sociali che si sono annidate dietro un meccanismo redistributivo influenzato dagli artifizi dell'ingegneria finanziaria hanno contribuito alla desertificazione di un terreno un tempo fertile e produttivo di relazioni economiche e sociali. La natura di tali problemi ci fa imbattere nello studio dell'economia che, per quanto immediatamente collegato agli aspetti meramente economici dell'efficienza, della produttività, non andrebbe separato dalla valutazione di altri aspetti. La tenuta della coesione sociale si sfalda sotto la gravità dei numeri che, drammaticamente, segnalano un peggioramento dei principali indicatori economici. Le questioni relative al debito pubblico e alla necessità di risanamento del bilancio dello Stato ripropongono con forza una problematica vecchia e attuale: quella della conciliazione tra le politiche di risanamento e gli obiettivi di crescita economica. Infatti, la contrazione del livello del livello del prodotto nazionale e l'innalzamento del deficit generato sia dal minore gettito introitato che da una maggiore spesa per prestazioni e ammortizzatori sociali hanno determinato una rapida alterazione del rapporto tra il *deficit* ed il Pil oltre i limiti stabiliti a livello europeo. A questo si aggiunge la peggiore critica che si possa muovere alla politica: quella di non riuscire ad esprimere pensatori, leader in grado di intervenire positivamente su questo sentiero di declino. Dalla necessità di riportare in tempi brevi questo rapporto entro il valore consentito hanno preso avvio una serie di misure adottate con il duplice intento di contenere il livello della spesa pubblica e aumentare il gettito fiscale mediante l'aumento e l'introduzione di nuove imposte. Inoltre, dal Patto di Stabilità Europeo (noto come Fiscal Compact), che ha comportato per i Paesi sottoscrittori l'obbligo del pareggio di bilancio, sono scaturite politiche fiscali rigide orientate, sembrerebbe, più al rigore dei conti che alla crescita.

Con l'obiettivo di indagare e documentare gli effetti delle misure di *austerity* adottate, assumiamo la posizione di fior di economisti a sostegno delle tesi portate avanti nelle pagine di questo scritto. Non siamo in grado di dire in che misura – con particolare riferimento al caso italiano – tali politiche frenino la crescita; tuttavia, i dati relativi alle principali grandezze aggregate dell'economia lasciano immaginare l'esistenza di una relazione tra l'entità delle politiche di rigore e gli effetti negativi sul sistema economico. Sulla base di questa, e di altre considerazioni che accrescono il consenso intorno all'assunto che l'austerità non stimoli crescita, si considera che il maggiore sforzo per il risanamento dei conti pubblici viene richiesto in un periodo in cui, all'opposto, economisti di stampo keynesiano risponderebbero con misure di tipo anticiclico. Pur non negando la necessità ed i vantaggi di bilanci pubblici in ordine, le principali critiche verso le quali convergiamo risiedono sull'intensità, ovvero, sulla velocità del risanamento. Riassumendo la nostra critica, suffragata dall'analisi empirica, propendiamo per una riduzione del peso percentuale del debito sul Pil sostenuta da una crescita economica.

V'è però da considerare che affidare alla crescita il compito di ridurre il valore del rapporto *deficit/Pil* può richiedere tempi lunghi nonché l'esposizione prolungata a bilanci in deficit.

Dall'esame della realtà economica, il drenaggio di risorse operato a mezzo di politiche restrittive, di certo non incide positivamente sulle aspettative future di crescita; queste ultime stanno alla base delle decisioni di investimento del settore privato nonché della valutazione dei mercati finanziari del debito sovrano responsabile degli alti livelli di *spread*.

Una maggiore flessibilità al rigore imposto, come peraltro previsto, in un periodo di crisi, dai Trattati, avrebbe potuto evitare gli effetti derivati dal risanamento veloce. Sebbene la stabilità finanziaria non debba essere considerata come il fine ultimo della *policy* italiana bensì come presupposto per una crescita stabile e duratura, la ripresa si dovrebbe attendere da misure capaci di incidere sulla produttività e sulla competitività del sistema economico, ad oggi, strutturalmente incapace di esprimere tutte le sue potenzialità. Il richiamo al pensiero keynesiano relativo all'intervento dello Stato non apparirebbe così superato se riferito alle misure di stimolo all'economia provenienti dal settore pubblico piuttosto che alle politiche di *deficit spending* di quei tempi. In ultimo, una riflessione sull'individuo e sulla centralità della persona consenti di sconfinare anche sulla configurazione assunta dal mercato del lavoro e dal sistema di welfare, oggi ridimensionato, dalla scure dei tagli alla spesa pubblica. Appare quanto mai emblematica l'enfasi che, a livello europeo, è stata riposta sul terzo settore attraverso il Social Investment Package (Sip), basato sull'allocazione di ingenti risorse per la coesione sociale. Saranno in grado i vari Paesi europei di cogliere, mediante la proposizione di programmi, la sfida lanciata dall'Europa attraverso il Sip? Soltanto in presenza di una decisa e responsabile collaborazione di tutti i partner europei si potrà orientare verso un nuovo modello di *governance* europea condivisa.

1
DISOCCUPAZIONE, CONSUMI ED INVESTIMENTI

La questione del risanamento dei conti pubblici unitamente alla preoccupazione della crescita del debito italiano è stata riproposta con forza a livello comunitario proprio durante gli anni della crisi. In occasione dell'attuale fase recessiva viene rimesso in discussione il ruolo che potrebbero giocare le politiche economiche di tipo espansivo contrapposte alle attuali di tipo restrittivo. Sebbene ciascuna realtà economica si differenzi dalle altre per il diverso contesto storico, sociale e culturale in cui la crisi si inserisce, comuni sembrano essere le conseguenze in termini occupazionali e sulla domanda aggregata. La crisi ha dato motivo a studiosi ed economisti di interrogarsi, guardando alle conseguenze, sui rimedi possibilmente adottabili per evitare all'economia di regredire ulteriormente.

Il dibattito accesosi intorno a questo argomento ha visto posizioni antitetiche confrontarsi ancor prima di giungere a conclusioni che sembrano aver fatto riaffiorare teorie economiche considerate superate. Tale dibattito ha riguardato – e continua a riguardare – le modalità di intervento[1] con cui ciascun Paese cerca di assicurare il rispetto dei vincoli stabiliti dai trattati europei e dal più recente Patto di Stabilità. Questi vincoli, originariamente definiti nella prospettiva dell'unione monetaria, vincolano in modo permanente la politica di bilancio dei Paesi dell'Unione[2].

---

[1] In questo senso le politiche macroeconomiche rivestono un ruolo fondamentale per il loro obiettivo che è quello di agire sulle grandezze aggregate dell'economia che dipendono dal complesso dei comportamenti dei soggetti che operano sul mercato. Il livello dei prezzi, il grado di utilizzazione delle risorse, la distribuzione del reddito, il ritmo dello sviluppo economico rappresentano variabili aggregate oggetto di intervento delle politiche macroeconomiche. La politica di bilancio, articolata a sua volta in politica fiscale e di spesa, costituisce un'importante categoria di intervento che analizzeremo nel prosieguo del lavoro.
[2] L. Signorini, I Visco, L'economia Italiana, terza edizione 2002, Il Mulino, Bologna, pag. 115

La spiegazione keynesiana

L'osservazione dei fatti concreti ha costituito per i succitati studiosi ed economisti un terreno fertile per fare riscoprire la maggiore importanza della loro figura e, perciò, della teoria economica sulla politica. Usando le parole di Silk: "la professione dell'economista si dibatte in un curioso e complicato paradosso: una cattiva politica economica contribuisce a determinare un pessimo stato dell'economia; ma più l'economia va male più la società si rivolge agli economisti per avere delle soluzioni..."[3].

Se per alcuni, ad esempio, decenni di politiche keynesiane hanno contribuito all'attuale situazione dei conti pubblici, per altri, sono proprio queste le uniche politiche capaci di condurre al risultato già sperimentato in quegli anni: un lungo periodo di crescita. Occorre prendere con le dovute cautele quanto appena affermato; chiaramente non sono più riproponibili interventi di quella portata dello Stato nell'economia per via del mutato quadro normativo. Tuttavia, le riflessioni di Martin Schulz, politico socialista tedesco e presidente del Parlamento Europeo fanno propendere per l'efficacia delle teorie keynesiane. Schulz, infatti, riconosce che l'austerità imposta ai Paesi Europei durante questo periodo di crisi ha peggiorato l'economia degli stessi. In verità, già da anni le teorie del barone di Tilton hanno cominciato ad essere rivalutate da illustri economisti tra i quali il premio Nobel Paul Krugman.

---

[3] L. Silk, *Crisi d'identità degli economisti*, in D. MERMELSTEIN, *Economisti a confronto*, vol. I, Napoli, 1976, pag. 29.

"Il momento giusto per l'austerità è l'espansione, non la recessione" scriveva il famoso economista inglese in una lettera all'allora presidente americano Franklin Delano Roosevelt.

La grave depressione degli anni Trenta rappresentò il vero banco di prova dell'efficacia delle politiche keynesiane; l'America riuscì a venirne a capo grazie ad una politica economica espansiva: il New Deal di Roosevelt. L'esempio storico del New Deal Rooseveltiano sembrerebbe replicato, a distanza di più di ottant'anni e in quello stesso contesto geografico, dal presidente americano Barak Obama. Oggi come allora, la politica espansionistica perseguita e sostenuta dalla Federal Reserve[4] che, grazie all'acquisto di titoli, immette nel sistema americano liquidità per svariati miliardi di dollari al mese sembra riscuotere buoni risultati.

Queste mosse rompono con l'ortodossia che ha prevalso per decenni tra le banche centrali europee influenzate dal successo della rigida Bundesbank.

Lo stesso Bernanke aveva sostenuto che le operazioni di *Quantitative Easing* fossero vicine al "gettare denaro giù dall'elicottero" o al "mettere del denaro in delle buche appositamente scavate lasciando che la gente sene appropriasse" come sosteneva keynes. La variabile spesa pubblica – soprattutto quella in deficit – in passato adoperata con forza in senso anticiclico viene oggi gestita dagli Stati con margini di manovra assai più contenuti.

Inoltre, il tendenziale pareggio di bilancio introdotto nelle carte costituzionali dei Paesi dell'Eurozona introdurrebbe ulteriori effetti depressivi sui sistemi economici dei singoli Stati (soprattutto in quelli con elevato debito pubblico), non consentendo alla spesa pubblica di

---

[4] La terza operazione di *Quantitative Easing* portata avanti dalla Fed dall'inizio della crisi prevede l'acquisto di bond garantiti da mutui per 40 miliardi di dollari al mese fino alla ripresa sostanziale del mercato del lavoro. L'altra operazione, *l'Operation Twist*, ha previsto l'immissione di liquidità da parte della la Fed per 85 miliardi di dollari al mese per tutto il 2012.

espandersi come prescriverebbero le politiche keynesiane. Va peraltro considerato che, per lungo tempo, il rapporto deficit/Pil fissato per l'Italia al 3% comportava non pochi problemi in una situazione non ancora di crisi. Ciò che i Paesi Europei devono comunque garantire è il rispetto del suddetto vincolo fissato a livello comunitario. Dal momento che il valore rappresentato da questo limite è il risultato di un rapporto è possibile – e ritengo maggiormente auspicabile – raggiungere e mantenere l'obiettivo del tendenziale pareggio di bilancio intervenendo sul denominatore della frazione.

L'ammontare del deficit assume significatività solo se rapportato al Pil il quale rappresenta un indicatore della ricchezza di una nazione. Un livello di deficit elevato o addirittura elevatissimo sarebbe compatibile con l'obiettivo comunitario solo se rapportato ad un livello di Pil anch'esso elevato.

L'attuale fase recessiva evidenzia lo sviluppo del denominatore (Pil) ed il significativo incremento dell'elemento posto al numeratore della frazione (deficit). Nell'intento di arginare la crescita del disavanzo che unitamente alla riduzione del Pil ha più volte visto l'Italia, similmente ad altri Paesi, infrangere il limite imposto, i governi europei sono intervenuti, in prima battuta, con misure di riduzione della spesa pubblica al fine di incidere sul deficit (quindi sul numeratore della frazione).

Le preoccupazioni con cui si guardava a quest'ultimo e le manovre adottate di *"spending review"* non sembrano essere state seguite da corrispondenti misure necessarie a stimolare quell'altro importante valore al quale è rapportato il deficit: il Pil. Del resto la storia si ripete e ciascun Paese e lo specchio di ciò che succede nel resto del mondo. Secondo Thorow[5] infatti "i nostri problemi economici sono risolvibili e, per molti, ci sono diverse soluzioni…". Le soluzioni a cui si

---

[5] L. Thorow, The Zero Sum Society, trad. It. Bologna 1981, pag. 29.

riferisce lo studioso non sono prive di conseguenze sulla sfera di coloro che subiranno delle perdite economiche connesse alle scelte compiute. Tuttavia, Thorow rileva una certa riluttanza del sistema politico ad accettarne, o meglio, ad assumerne la responsabilità. L'intuizione di Thorow riferita al contesto statunitense degli anni in cui scriveva può essere inteso come un presagio delle recenti vicende politiche italiane che confermano la validità delle sue assunzioni. In Italia, le contingenze avrebbero richiesto interventi immediati, indispensabili per far fronte alle conseguenze di una crisi che aveva propagato i propri effetti elle economie dell'universo mondo. Ciononostante, gli interventi di policy auspicabili e necessari tardarono ad arrivare, anche se a rimandare al pensiero di Thorow è il fatto che ad adottare determinate misure che avrebbero imposto certe "sofferenze" per dirla con le parole dell'autore, si è dovuto attendere l'arrivo al governo dei tecnici, ossia, terzi provenienti dagli ambienti accademici e dell'alta finanza e privi di una legittimazione popolare. A loro il sistema politico "incapace di forzare qualcuno ad accollarsi questo carico" ha demandato il compito di compiere scelte impopolari. Credo che sia ragionevolmente ipotizzabile che anche coloro che si rifanno a Friedman per ottenere un riconoscimento teorico alle proprie posizioni di condanna dell'interventismo pubblico non possano essere indifferenti, in questo particolare momento di redditi calanti e disoccupazione dilagante, alla lezione keynesiana. Lo stesso Friedman prima di maturare posizioni lontane anni luce da quelle del barone di Tilton era stato in gioventù un keynesiano.

Prima di andare avanti occorre sgomberare il campo da ogni fraintendimento teorico. Per il padre del monetarismo l'intervento pubblico rappresenta la causa di quegli squilibri macroeconomici alla base della Grande Depressione. A suo parere, il ruolo pubblico dovrebbe limitarsi al "minimo" in quanto il mercato sarebbe in grado di autoregolarsi e distribuire il reddito in modo equo.

Prendendo a prestito le parole di Keynes "le caratteristiche del caso particolare... non sono quelle della società economica nella quale realmente viviamo".

Riferendosi ai postulati della teoria classica, la quale ha costituito la base della sua formazione scientifica e che poi è quella dominante al tempo in cui scriveva, keynes si mostra critico sulla capacità dei mercati di raggiungere spontaneamente equilibri efficienti; constata, invece, che il più delle volte falliscono.

Guardando ai Paesi dell'Eurozona notiamo come la BCE basi la propria politica su teorie monetariste[6] manovrando l'offerta di moneta con l'obiettivo di perseguire la stabilità dei prezzi e, quindi, il controllo dell'inflazione. La volontà dell'istituto centrale di utilizzare uno dei più importanti strumenti della politica monetaria per stimolare l'economia reale si è concretizzato in un ulteriore taglio dei tassi di interesse che hanno raggiunto il minimo storico, nel Settembre 2014, dello 0,05%. Non va dimenticato che anche le politiche di austerity adottate in Gran Bretagna sotto il governo di Margaret Thatcher hanno determinato una significativa contrazione della spesa pubblica proprio quando negli Stati Uniti, durante il primo mandato di Ronald Reagan, queste aumentavano del 4,22% all'anno.

In entrambi i Paesi la disoccupazione e l'inflazione si mantenevano su livelli elevati; pertanto le banche centrali, alzando i tassi di interesse allo scopo di restringere il credito, riuscirono nello scopo di incidere sul tasso di inflazione contrattosi, negli Stati Uniti, al 3% nel 1983 (dal 14% del 1950).

---

[6] A questo scopo appare utile menzionare l'operazione denominata Outright Monetary Transaction (OMT) con la quale la BCE, similmente alla Fed, ha avviato l'acquisto di titoli di stato spagnoli, italiani e di qualsiasi altro Paese dell'Eurozona ne avesse bisogno.

Con particolare riferimento al caso italiano constatiamo che il vero problema non è rappresentato dall'inflazione mantenutasi su livelli pressoché stabili anche nel 2013. Contenuta crescita inflazionistica e crescenti tassi di disoccupazione, soprattutto giovanile, sono gli elementi che caratterizzano la realtà italiana[7]. A Milton Friedman e Anna Schwartz che sostenevano nel Monetary History of the United States 1867-1960 che "l'inflazione è sempre e comunque un fenomeno monetario" fa eco Joseph Stiglitz il quale ha teorizzato che la relazione tra inflazione e offerta di moneta sia debole per l'inflazione ordinaria mentre tassi di inflazione elevati sono un effetto della spesa pubblica in una situazione in cui la crescita del Pil non riesca ad assorbirla.

In relazione al contesto italiano, non si può certo affermare che non esistano fattori produttivi direttamente utilizzabili. In questa particolare fase l'economia italiana dispone in misura eccedentaria di manodopera disoccupata, macchinari e capitali inutilizzati congelati in depositi improduttivi e titoli del debito pubblico. "La spesa pubblica si esaurirebbe in gran parte nel crescere dei prezzi o nell'importare di più dall'estero se non esistessero margini di fattori produttivi disoccupati"[8].

Interpretando il significato di queste asserzioni del keynes, Einaudi conclude che "fin quando esistono veramente uomini e fattori produttivi disoccupati, il contatto operato tra essi non è cagione di dannose perturbazioni"[9]. Il contatto di cui parla, quello tra fattori

---

[7] Analizzando con maggiore livello di dettaglio l'indice nazionale dei prezzi al consumo per l'intera collettività, al lordo dei tabacchi, si riscontra una riduzione su base mensile dello 0,3% nel Novembre 2013 a fronte di un aumento dello 0,7% su base annua. I dati Istat evidenziano che, a Dicembre dello stesso anno, l'indice nazionale dei prezzi al consumo, al lordo dei tabacchi, ha registrato un aumento dello 0,2% rispetto al mese precedente mentre a livello europeo il tasso di inflazione si è attestato a Dicembre del 2013 allo 0,8%.
[8] A proposito di J.M. Keynes , The Means to prosperity, Macmillan and Co., London 1933, in La Riforma Sociale n. 3 – 4, 1933 p. 129-142.
[9] L. Einaudi, Il mio Piano non è quello di Keynes, scritti inediti raccolti da F. Forte, Rubbettino, 2012.

produttivi disponibili e desiderio o bisogno dei beni che tali fattori produrrebbero se fossero occupati dovrebbe, di regola, essere operato dall'iniziativa privata. Tuttavia, questo contatto non si realizza in quanto gli imprenditori non sperano di poter realizzare, investendo, profitti. Keynes nell'enunciare quello che porta il nome di "principio della domanda effettiva" afferma che "il livello di produzione di una nazione, il suo reddito (cioè il Pil) e di conseguenza l'occupazione sono determinati dalla domanda".

Evidentemente appare quanto mai inevitabile intervenire sulla domanda aggregata (cioè la domanda dell'intera nazione) al fine di far aumentare il reddito nazionale in misura tale da ridurre il peso percentuale del deficit sul Pil.

DOMANDA AGGREGATA:
Consumi+Investimenti+Spesa Pubblica+(Esportazioni–Importazioni)

L'unico modo per incrementare questa somma è di far aumentare in valore assoluto ciascun addendo. A partire da questa equazione della domanda aggregata si apre il dibattito intorno ai temi della tassazione che, a parità di redditi nominali, erode la capacità di spesa dei centri di consumo (le famiglie) e della spesa pubblica ai quali le diverse scuole economiche sembrano dare maggiore risalto.

Secondo il moltiplicatore keynesiano, l'aumento di produzione che consegue ad un incremento di spesa pubblica, è maggiore dell'aumento iniziale della spesa stessa. Questo perché l'aumento del reddito, conseguente all'incremento della spesa pubblica, porta all'aumento anche dei consumi i quali hanno una relazione direttamente proporzionale con il reddito. Ne consegue, dunque, che la domanda aggregata cresce sia per l'aumento della spesa pubblica che per l'aumento dei consumi.

Inoltre, per effetto dell'alta propensione marginale al consumo di numerosissime famiglie comporta che ogni incremento, seppur piccolo, di reddito si traduce in incrementi di consumi[10].

Queste considerazioni appaiono utili per considerare, all'opposto, l'effetto dei tagli della spesa pubblica sulle componenti della domanda aggregata. L'effetto moltiplicativo, nel caso da noi analizzato, opera all'inverso. Da ciò deriva che ogni intervento capace di influenzare direttamente o indirettamente il valore degli addendi della domanda aggregata produrrebbe effetti di non irrilevante significato. Addentrandoci nel vivo della controversa questione sugli effetti di misure del tipo restrittivo sulla crescita incorriamo nel pensiero di economisti, Premi Nobel, come Paul Krugman che sottolineano come non siano stati dimostrati effetti positivi della politica di austerity sulla crescita.

Se a queste considerazioni dovessimo aggiungere la mancanza di politiche di crescita ben definite e lungimiranti, gli effetti in termini di perdita di competitività e di distruzione di posti di lavoro rischierebbero di compromettere in maniera irreversibile la capacità produttiva e occupazionale della nostra economia.

Le politiche di *austerity*, da sole, non sono sufficienti se non si riesce ad imprimere uno *shock* esogeno ad un sistema che si è troppo allontanato dal pieno impiego dei fattori produttivi. Il rischio è di arrivare ad un punto in cui, nonostante i tassi di interesse tendenti a zero, imprese e consumatori non chiederanno più prestiti e le prime non compiranno più investimenti ricadendo nella nota "trappola della liquidità". In una situazione di questo tipo, in cui la caduta dei tassi di interesse e le operazioni di mercato aperto non riescono più ad esercitare alcuna influenza sull'economia, si esauriscono gli strumenti della politica monetaria concretamente adottabili. I bassi tassi di

---

[10] I dati Confcommercio contenuti nel Report del Marzo 2011 rilevano una propensione al consumo delle famiglie italiane superiore al 90%.

interesse registrati negli ultimi mesi del 2013, che avrebbero potuto assecondare una maggiore disponibilità ad investire da parte delle imprese, non sono riusciti, di fatto, a rappresentare per queste ultime un vero incentivo alla nuova produzione.

Per quanto l'indebitamento a condizioni più convenienti (per effetto della diminuzione del costo del denaro) renderebbe meno oneroso renderebbe meno oneroso l'avvio di nuove iniziative imprenditoriali da parte degli operatori economici non si esclude che questi preferiscano detenere ricchezza in forma liquida o quasi liquida piuttosto che optare per investimenti dal dubbio esito.

La preferenza per la liquidità in un contesto di bassi tassi di interesse viene spiegata, ancora una volta, ricorrendo all'economista inglese che negli anni Trenta ha coniato il concetto di *"liquidity trap"*. Keynes, infatti, individua nelle aspettative degli attori economici la principale causa posta a base di situazioni di questo tipo. Deflazione, guerre civili, conflitti internazionali, caduta della domanda aggregata rappresentano i principali eventi negativi individuati dal famoso economista per spiegare la preferenza per la liquidità.

"È possibile portare un cammello all'abbeveratoio ma non costringerlo a bere"; è questo il famoso detto ricorrente tra gli economisti keynesiani durante la depressione americana degli anni Trenta che, a rigor del vero, sembra aver svelato oggi tutta la sua attualità.

Il debito pubblico e lo "Stato tassatore"

I recenti sviluppi della politica economica suggeriscono altre cause in grado di esercitare un'influenza sulle decisioni di investimento degli operatori economici: quelle fiscali. Il crescente peso tributario, aumentando inevitabilmente i costi di produzione, finisce con lo scoraggiare ulteriormente lo spirito di intrapresa. "Lo Stato[11] deve garantire che il peso delle imposte sarà, per un periodo di tempo sufficientemente lungo, fisso. Con economie all'osso nel bilancio privato… nessuno riesce a pagare l'imposta incerta ed arbitraria".

Einaudi, discorrendo nei suoi mirabili saggi dei problemi della finanza pubblica e della crisi, assume posizioni alquanto critiche nei confronti dello Stato "tassatore" il quale deve "saper mantenere entro i limiti iniziali il peso dei tributi; deve sapere, altresì, utilizzare sempre più perfettamente quell'ammontare fisso di entrate per fronteggiare le proprie esigenze finanziarie connesse al mantenimento delle funzioni e dei servizi pubblici".

Volendo interpretare, a distanza di decenni, quanto affermato dall'autorevole statista piemontese in ordine ai problemi collegati alla crisi dei suoi tempi, appare evidente la critica assunta nei confronti, non tanto dell'alta pressione fiscale, quanto della sua variabilità che non consente agli imprenditori di formulare in maniera ragionevole i propri programmi di investimento.

Le aspettative di profitto (poste a base delle decisioni di investimento delle imprese) sono, per definizione, aspettative di profitto future che rischiano di non essere confermate da un continuo, discrezionale e probabile aumento futuro delle imposte sul lavoro e sul reddito. Per gli operatori economici, pertanto, l'incertezza circa la probabilità che vengano confermate le previsioni di profitto connesse ad un investimento iniziale, rischioso per definizione, inficia la realizzazione dell'investimento stesso. Allo stesso modo, la possibilità di un'eventuale riduzione delle imposte potrebbe avere un effetto

---

[11] L. Einaudi, *Nuove riflessioni in disordine sulla crisi. Della fantasia economica e della mutazione della domanda di beni conseguenti alla guerra*, scritti inediti raccolti da F. Forte, Rubettino Editore, 2012.

espansivo sulla aspettative di profitto solo se questa non abbia un carattere temporaneo[12]. "Per essere efficace, una riduzione delle aliquote deve avere un carattere permanente, quindi, deve essere il risultato di misure di natura strutturale sul modo con cui il sistema fiscale è organizzato" conclude Musu.

La riduzione delle imposte odierne deve trovare in contropartita un'espansione del reddito nazionale reale necessaria ad escludere l'incremento di quelle future. Pertanto, la riduzione delle imposte per fini propagandistici, non supportata da previsioni positive di crescita economica, correrà il rischio di non produrre effetti espansivi per il semplice fatto che imprese e consumatori anticiperanno al presente il peso delle maggiori imposte a cui saranno costretti in futuro.

La teoria macroeconomica keynesiana che sostiene la capacità di stimolo del disavanzo pubblico sulla domanda aggregata (e quindi sull'economia) non deve trascurare l'assunto principale della teoria della neutralità del debito pubblico, ovverosia, *il vincolo di bilancio intertemporale*.

È a questo vincolo che Keynes fa riferimento nel suo famoso saggio su come pagare i costi della seconda guerra mondiale. Nella visione keynesiana, finanziare il *deficit spending* mediante debito è possibile solo se l'effetto espansivo del disavanzo sull'economia esiste ed abbia un'intensità tale, nel tempo, da fornire ai bilanci pubblici le entrate aggiuntive necessarie al pagamento dei servizi del debito. A tal scopo, la spesa finanziata in deficit deve corrispondere a spesa per investimenti.

Il richiamo a Keynes mi è sembrato opportuno per chiarire, a buona parte dei sostenitori di politiche espansive basate sul deficit di bilancio, l'interpretazione che essi erroneamente danno del suo pensiero. Una politica di bilancio coerente con il dettato keynesiano

---

[12] I. Musu, Il debito pubblico, Il Mulino, 2006, pag. 41.

dovrà considerare il vincolo intertemporale di bilancio senza dimenticare il maggiore effetto espansivo, non solo sul breve periodo, delle spese per investimenti; nel lungo periodo, le spese di investimento consentono quell'accumulazione di capitale che, dal punto di vista macroeconomico, risulta essere fortemente collegata alla crescita e allo sviluppo economico. È noto che con gli investimenti il sistema economico amplia la propria capacità produttiva futura. È sicuramente agli investimenti che si rivolgeva Maffeo Pantaleoni nel suo capolavoro[13] parlando dei "congelamenti" ovvero delle immobilizzazioni. "Sono immobilizzazioni tutti i solchi di cui occorre lacerarla terra affinché si fecondi; sono immobilizzazioni le case di cui è cosparsa; sono immobilizzazioni le strade, i ponti, i porti, i canali, le ferrovie".

Spesa pubblica e debito

Analizzando la dinamica e la ripartizione della spesa pubblica in Italia negli ultimi anni ricaviamo validi elementi per sostenere il carattere non propriamente keynesiano di politiche che invece avevano la velleità di dichiararsi tali. La spesa pubblica per investimenti, ossia quella capace di produrre un maggior effetto espansivo sul sistema economico, non ha superato l'8% di quella totale.
Ricaviamo che in assenza di investimenti, sia da parte privata che pubblica, il nostro Paese rinuncia definitivamente alla possibilità di recuperare competitività, perdendo la capacità di sviluppare produzioni migliori, di impiegare la forza lavoro qualificata e di

---

[13] *La caduta della Società Generale di Credito Mobiliare Italiano*, in Giornale degli economisti, 1896, ristampato in Scritti vari di economia, serie terza, Roma Castellani, 1910.

puntare sull'innovazione e sulla ricerca che, come sappiamo, rappresenta un processo cumulativo anche se a tratti discontinuo[14].

Stiamo verificando come neppure il basso tasso di interesse praticato dalla BCE sia ancora riuscito a produrre effetti positivi sull'economia. Una situazione analoga era stata sperimentata negli anni della Grande Depressione. In quell'occasione gli Stati Uniti portarono a zero il costo del denaro senza che si registrasse alcun effetto benefico per l'economia. Più tardi, negli anni Novanta, anche il Giappone conobbe una situazione simile con la Grande Deflazione.

Sicuramente ad avvitare il sistema economico nel meccanismo vizioso di una trappola della liquidità contribuiscono le aspettative di crescita economica. Secondo il già citato Nobel per l'economia Paul Krugman sarebbe possibile contrastare questi effetti mediante una politica capace di generare aspettative inflazionistiche, cioè persuadendo gli agenti economici che la BCE creerà inflazione. L'economista della Mit in un recente articolo[15] ripropone il problema della trappola in un modello dinamico dove gli agenti economici prendono delle decisioni che riguardano non solo il presente ma anche il futuro.

In quest'ottica, la riduzione del tasso di interesse reale risulta necessario a contrastare l'eccesso di risparmio determinato dalle previsioni negative di crescita dell'economia. Queste ultime ingenerano negli agenti economici un maggiore risparmio presente per far fronte alle spese del futuro, quando il reddito sarà più basso. Dal momento che il tasso nominale non può scendere al di sotto dello zero, per ridurre il tasso di interesse reale occorre intervenire – innalzandolo – sul tasso di inflazione atteso. È questa la ricetta dell'economista Premio Nobel: una politica monetaria che generi aspettative di inflazione.

---

[14] P.A. Toninelli, Storia d'impresa, il mulino, Bologna, 2006 p.160.
[15] It's back. Japan's slump and the return of the Liquidity Trap, *Brookings Papers on Economic Activity*, 1998.

Un tasso di interesse molto basso rende illimitatamente elastica la domanda di moneta per fini speculativi in quanto, l'incremento del tasso di interesse atteso dai risparmiatori li induce a detenere ricchezza in forma liquida. Così, una parte significativa del risparmio andrà a sostenere – quando non rimane fermo in depositi – la sottoscrizione di titoli del debito pubblico piuttosto che gli investimenti.

Se ai minori investimenti privati potesse sopperire l'investimento pubblico l'effetto netto sull'economia potrebbe essere nullo[16]; non dovrebbero esservi effetti di Crowding-out[17] e neppure una riduzione del processo di accumulazione[18]. In una situazione in cui più della metà della spesa pubblica è impiegata per trasferimenti (come ad esempio spesa per prestazioni previdenziali e per il pagamento degli interessi maturati sul debito) e non per l'acquisto di beni e servizi o per investimenti che generano un immediato effetto espansivo sulla domanda, non bisogna stupirsi se tardano ad arrivare o, addirittura non arriveranno mai, gli stimoli all'economia reale.

La spiegazione a questo fenomeno è semplice. La spesa destinata a trasferimenti accresce il reddito disponibile delle famigli e degli individui. Tuttavia, soltanto una parte di questo reddito verrà speso e confluirà, quindi, nel circuito dell'economia reale; un'altra parte verrà destinata al risparmio, alimentando così le premesse del fenomeno della trappola tanto argomentato in questo articolo e dibattuto in economia.

---

[16] Keynes nella sua *General Theory* avvertiva la possibilità che si sviluppassero nell'economia reazioni di segno contrario all'espansione della spesa pubblica capaci di determinare il Crowding-out. In particolare si riferiva alla psicologia degli operatori economici che potevano reagire ai programmi di spesa pubblica con un moto sfiducia nell'avvenire. Questa sfiducia si poteva riflettere in una riduzione dell'efficienza marginale del capitale e/o in un aumento della preferenza per la liquidità.

[17] L'effetto del *Crowding-out* si può definire come la riduzione della spesa privata derivante da un processo avviato dell'aumento esogeno della spesa pubblica in qualunque modo sia finanziato. Se prima della *General Theory* gli economisti classici e neoclassici, ipotizzando la piena occupazione delle risorse, escludevano che la spesa pubblica avesse effetti espansivi, dopo la rivoluzione keynesiana, che aveva sottolineato gli effetti espansivi della spesa pubblica, il C.O. è divenuto oggetto di un acceso dibattito (G. Tullio et G. Cristini).

[18] I. Musu, op. cit.

Mi pare che, in una tal situazione, le teorie Keynesiane proporrebbero la ricetta del lavoro pubblico condotto con mezzi offerti dal risparmio disponibile "senza fabbricare solleticanti artificiali, anzi, utilizzando un atto volontario di risparmio già compiuto. Bene si opera ad attendere il tempo di crisi per compiere i lavori pubblici e coinvolgere verso di essi la disponibilità di risparmio"[19]. Il risparmio cosi inoperoso, trasformandosi in investimenti, troverà il suo naturale impiego senza generare inflazione.

L'apertura del dibattito sull'opportunità e sulla misura dell'intervento dello Stato nell'economia ha preso avvio negli anni Settanta, in occasione dello shock petrolifero del '73 che ha determinato un conseguente aumento dei prodotti petroliferi ed energetici. La situazione di stagflazione che ne è derivata non era stata prevista, essendo sconosciuta, da tutte le teorie economiche, compresa quella keynesiana. Così, se gli ultimi decenni costituirono il banco di prova per le più riconosciute ideologie politiche, l'epilogo della recente crisi potrebbe rappresentarne il tramonto definitivo. L'affermazione dei principi contenuti nei Trattati Europei ha determinato la fine del keynesismo; ne consegue che con esso si è chiusa definitivamente quella fase ben conosciuta e radicata nella cultura italiana di espansione della domanda aggregata attraverso la spesa pubblica. Ma alla lunga anche il monetarismo di Milton Friedman, con la deregulation e la "rivincita del mercato" ha ceduto. Questo è quanto Michele Salvati scriveva nelle pagine del suo libro a proposito del cambiamento della struttura socioeconomica dopo il keynesismo. Sotto la spinta della recessione globale perde terreno anche lo stesso concetto neoclassico secondo il quale nel lungo periodo i fattori della produzione (lavoro, capitale) ed il sistema dei prezzi riuscivano a compensarsi. Del fallimento dei funzionamenti del mercato rilevano

---

[19] L. Einaudi, *Fondo disponibile di risparmio e lavori pubblici*, in "Il mio piano non è quello di Keynes", scritti inediti raccolti da F. Forte, Rubettino Editore, 2012.

gli interventi a fini redistributivi portati avanti dal presidente degli Stati Uniti Barak Obama nel più liberista dei sistemi. Tutto questo ha creato non poco smarrimento fra gli accademici, gli economisti ed i membri della società civile da sempre abituati ad aggrapparsi ad un'idea, ad una teoria oppure a ragionamenti astratti ed incomprensibili sbandierati con leggerezza da qualche politico di turno; e tanto più complicati si presentano i toni della dialettica attraverso cui si sviluppa il dibattito sui gravi problemi attuali, quanto più credibile sembrerà apparire la soluzione prospettata da chi parla. Pertanto, si prediligono discorsi retorici molto articolati quale strumento di persuasione e consenso, come se la soluzione fosse più a portata di mano di quanto appare.

Si tende, forse non troppo inconsapevolmente, a sottovalutare – se non addirittura a confondere volontariamente – la complicata struttura socioeconomica odierna e la fitta trama dei problemi che la attanagliano senza rendersi conto del fatto che non esiste una soluzione unica. Ammesso che si sia in grado di intervenire sulle molteplici cause la cui portata, però, richiede interventi non più limitati alla visione nazionale, occorre analizzare i problemi da una prospettiva più ampia da quella ristretta che ogni Stato membro ha sempre avuto di sé per sé.

Il riscontro di quanto affermato è rappresentato da un Paper presentato nel 2010 da Kenneth Rogoff e Carmen Reinhart di Harvard e smentito poco tempo dopo nonostante sembrasse fondato su basi scientifiche inconfutabili. La linea di ricerca che verteva sulle politiche di austerità, faceva evidenziare come, dal confronto di diversi Paesi esaminati negli anni a cavallo fra il 1945 e il 2009, quelli con i conti più in ordine e cioè con un debito sotto il 30% del Pil, erano cresciuti in media del 4,1% differentemente da quelli con un debito compreso tra il 30 e il 90% del Pil (in cui la crescita si attestava al 2,8%). Per quelli (tra cui l'Italia) con un debito superiore al 90% del Pil la crescita media è stata addirittura negativa, -0,1%. Tali livelli di indebitamento rendevano, a detta dei due studiosi, ogni sviluppo positivo del Pil. Nondimeno, i risultati a cui giungono tre anni dopo due professori della Amherst in Massachusetts, Robert Pollin e Michael Ash, evidenziano un errore di calcolo dei due cattedratici di Harvard imputato ad errori di programmazione e di ponderazione. Conseguentemente, l'adozione della procedura di calcolo corretta ha fatto emergere un risultato positivo in termini di crescita (+2,2%) anche per quei Paesi con un debito superiore al 90%. Questo esito, anche in conseguenza delle stringenti politiche di rigore, oltre a rimettere in discussione l'assunto in base al quale il debito sia la causa della scarsa crescita, offre una base teorica per chi auspica minor rigore e flessibilità nei conti. L'incapacità di intervenire su cause storiche (divenute poi anche culturali) oltre a svuotare la portata delle misure adottate hanno finito col risolversi in inutili sacrifici per lo Stato e, quindi, per i cittadini.

Ha scritto un importante commentatore anglosassone, Tony Judt: "persino in Italia, dove lo Stato è debole e politicamente molto più vulnerabile, esso ha svolto un ruolo cruciale garantendo posti di lavoro, sussidi, fondi regionali ed un'intricata varietà di piani di aiuto che hanno contribuito alla stabilità sociale di un Paese la cui unità è sempre stata in discussione".

Nel suo breve ma denso saggio Edmondo Berselli arriva ad affermare, per quanto possa apparire cinico asserirlo, che il "nostro Paese sembra essere rimasto in piedi proprio grazie alla sua malattia". Difficilmente, infatti, riusciremo ad immaginare il nostro sistema economico privo del preponderante ruolo giocato in passato dallo Stato grazie alle sue imprese, ai fondi, ai sussidi e alle commesse che garantivano all'economia un certo livello di domanda. Con l'adesione alla moneta unica che, vale la pena ricordare, rappresenta la terza ed ultima fase del processo di unificazione economica e monetaria, sono stati resi ancora più evidenti ed apprezzabili i cambiamenti ad essa associati. Guardando nello specifico all'Italia, le problematiche economiche hanno una natura strutturale che riflette le mai risolte questioni della disoccupazione, del dualismo territoriale Nord-Sud, della scarsità di materie prime e della pressione fiscale che ha anche determinato gli alti costi del lavoro. Fino a quando lo Stato generosamente svolgeva una funzione "spugna" assorbendo sacche di manodopera in settori poco produttivi contribuendo all'"elefantirsi" dell'esercito degli statali si riusciva a tenere a bada le pressioni sociali. L'inversione di marcia determinata dai parametri di Maastricht ha generato animosità in chi ancora confidava nel vecchio ruolo assistenziale dello Stato che, facendosi anche imprenditore, controllava buona parte della produzione industriale. Ammettendo che le conseguenze sulla consistenza dell'odierno debito pubblico sono figlie di una cultura politica che ha fondato sulla spesa pubblica, quindi sul debito, la propria azione ed il proprio consenso. Intanto si fa apparire l'euro come il nemico indiscusso da combattere a priori ed ad ogni costo.

Quanto al rapporto tra debito e pil, anche l'Italia si adegua, come gli altri Paesi europei, ai nuovi standard di calcolo del Prodotto Interno Lordo. Questi ultimi prevedono un'inclusione nel calcolo del pil delle attività illegali quali prostituzione, droga e contrabbando di sigarette. I dati forniti dall'Istat quantificano in 200 miliardi di euro il patrimonio che viene fuori dalle attività criminali e dal sommerso e che andranno ad incidere sui principali indicatori. La rivalutazione del Pil che ne è conseguita, grazie alle nuove regole di contabilità (Sec 2010), permette un miglioramento delle misure finora svolte. Inoltre, le spese per ricerca e sviluppo, passate da costo ad investimento, contribuiscono al miglioramento dei conti per 20,6 miliardi (+1,3 punti percentuali). L'istituto di statistica nel ridefinire l'economia sommersa, fatta di lavoro irregolare e sottodichiarazioni, è giunta al valore di 187 mld di euro (+11,5% del Pil).

2
LA CRISI DELLA FINANZA PUBBLICA ITALIANA
UN DIFFICILE RISANAMENTO

La crisi fiscale dello Stato viene oggi gestita nel quadro normativo designato dal Trattato di Maastricht del 1992 che, limitando l'ingerenza pubblica nella vita economica della nazione, vieta quegli interventi che nel passato avevano consentito allo Stato di farsi imprenditore[20].

La crescita economica necessaria a rendere sostenibile il rapporto deficit Pil nei Paesi Membri compromette la capacità dei singoli governi di essere adempienti nei confronti dei parametri europei. L'imposizione a livello comunitario di vincoli troppo stringenti per la finanza pubblica dei singoli Stati ha evidentemente consentito di

---

[20] Nel periodo che va dal 1964 al 1974 il 23% delle emissioni azionarie è stato assorbito dal settore pubblico. Il reddito finanziario delle famiglie è costituito quasi interamente da interessi corrisposti da intermediari finanziari ed enti pubblici, mentre il reddito derivante dalla proprietà in senso stretto (dividendi e guadagni di capitale su azioni) è divenuto ormai trascurabile (G. Ragazzi).

mantenere, non certo senza fatiche, situazioni deficitarie accettabili, ponendo così fine ad un'epoca che vide il debito crescere a dismisura.

Il peggioramento nei conti pubblici e l'austerity italiana

Il dispiegarsi degli effetti della crisi mondiale alle altre realtà europee ha messo in luce le difficoltà dei Paesi con elevati debiti sovrani di garantire l'osservanza del vincolo del 3%. Lo stesso Squinzi riconosce che il rispetto di questo valore è molto impegnativo poiché congela la possibilità di fare investimenti sulla crescita.

Su queste affermazioni non credo vi sia molto da discutere. Verosimilmente, i vincoli dell'Unione monetaria sono stati definiti in un periodo in cui l'economia europea cresceva ad un tasso superiore al 3% ed il vero problema non erano i deficit di bilancio – che si alternavano a situazioni di avanzo – bensì l'inflazione. La procedura di infrazione per aver sforato il limite del 3% nel rapporto deficit/Pil ha riguardato 20 dei 27 Paesi aderenti all'UE. Tra i 7 Paesi che sono riusciti a mantenere il rapporto entro il limite del valore assegnato rientrano la Svezia e la Bulgaria (che non hanno aderito alla moneta unica) mentre la Germania è uscita solo nel 2012 da una precedente procedura per deficit eccessivo. Dall'entrata in vigore dei parametri di Maastricht soltanto il Lussemburgo, la Svezia e l'Estonia non sono mai incorse in tali procedure.

Per l'Italia, fino al 1996, il rapporto deficit/Pil presentava valori di gran lunga superiori a quelli dei parametri del 1992. Nel 2000 tale rapporto raggiunse il minimo storico dello 0,91% prima di ritornare a livelli superiori al 3% a partire dal 2001 e fino al 2006. A partire da quest'ultima data, soltanto per gli esercizi 2007 e 2008 il rapporto assunse valori inferiori al limite stabilito. I parametri di Maastricht costituirono il fondamentale punto di riferimento delle azioni di risanamento[21]. Agli incrementi nel valore di questo rapporto registratisi negli anni della crisi si pose rimedio, in extremis, con la manovra "Salva Italia" varata dai tecnici sul finire del 2011. Gli immensi sacrifici riuscirono a portare il valore al livello del 2,88%. Per l'Italia il tasso di crescita del Pil è stato, tra il 2000 e il 2007, dell'1,6%. Durante gli anni della crisi, la crescita del rapporto va imputata anche alla caduta delle esportazioni con effetti sulla dinamica del Pil contrattosi, nel 2009, del 5,5%. L'attuale livello del debito pubblico, in aggiunta alle previsioni di crescita negative, ingenera negli operatori diffidenze non trascurabili sulla solvibilità dello Stato. Poiché il collocamento del debito è indispensabile per poter finanziare una spesa pubblica consistente, il rendimento dei titoli italiani incorporerà la percezione degli investitori di un eventuale rischio di default. Gli elevati spread dei titoli italiani rispetto agli equivalenti tedeschi riflettono la maggiore remunerazione richiesta dai mercati per compensare il rischio di perdita derivante da una vendita dei titoli prima della naturale scadenza. Pertanto, ad una maggiore percezione del rischio corrisponde una remunerazione in conto interessi più alta e, quindi, maggiori oneri per lo Stato.

La preoccupazione di un default del debito sovrano ha indotto la BCE ad intervenire, in occasione dell'asta dei Btp, sul mercato secondario ancor prima dell'immissione dei titoli per evitare un eccessivo crollo del prezzo di acquisto. Rispetto a questi metodi di prestatore di ultima istanza e noti come *longer-term refinancing operations*, l'economista della London School of economics Paul De Grauwe non tace le proprie critiche. De Grauwe contrappone all'intervento della Bce quello "diretto" della FED che ha acquistato i buoni del tesoro direttamente dalle banche che li detenevano. Consentendo alle banche il finanziamento a tassi di interesse bassi la Bce confidava

---

[21] L. Signorini, I Visco, L'economia Italiana, terza edizione 2002, Il Mulino, Bologna, pag. 115

nell'acquisto di titoli da parte di queste ultime. Dopo aver constatato che soltanto una parte della liquidità ottenuta è stata effettivamente impiegata nei mercati dei titoli di stato, De Grauwe conclude che la liquidità immessa nel sistema è stata superiore a quella che sarebbe stata necessaria se la Bce avesse deciso di intervenire direttamente. L'intervento della Banca Centrale Europea sul mercato secondario dei titoli di stato e considerato straordinario da Trichet, è stato subordinato alla garanzia di una svolta rigorosa della politica economica e fiscale dell'Italia capace di incidere sull'elevato rapporto deficit/Pil.

Il pareggio di bilancio introdotto nelle carte costituzionali dei diversi Paesi Europei sembra confermare la tendenza dei governi di accettare, o per essere più precisi, di perseguire politiche di stampo liberista ispirate alla ricetta di Friedman: deregulation, privatizzazione e riduzione della spesa sociale.

La manovra, gigantesca nei numeri, varata in più tranches[22] nell'estate del 2011 sotto la pressante spinta della Bce (che da giorni finanziava oltre i tre quarti dei titoli italiani assicurandone, così, il collocamento) ha "mutilato" buona parte della spesa pubblica mediante lo strumento dei tagli lineari[23]. L'urgenza degli interventi a salvaguardia del debito sovrano ha tolto ogni spazio al dibattito politico. Le misure così adottate sotto la minaccia di un imminente rischio di default rappresentano manovre di fortuna dal momento che non sembrano rispondere ad un chiaro e preciso schema o programma economico. Chiaramente, nel giro di pochi giorni si sono dovute recuperare risorse che soltanto un'adeguata politica economica e fiscale, per anni mancata, avrebbe potuto garantire a costi sociali minori. Le manovre di austerity adottate sotto l'effetto delle contingenze hanno finito col

---

[22] Alla prima manovra di 45 miliardi varata a Luglio ha fatto seguito, ad Agosto, una seconda manovra correttiva, sollecitata dalla Bce di ammontare pari a 60 miliardi.
[23] A. Volpi, Sommersi dal debito, Altreconomia edizioni, Novembre 2011.

comportare un duplice sacrificio in termini di minori prestazioni e di maggiore prelievo fiscale, nonché, una contrazione percentuale del Pil superiore a quella del deficit, con l'effetto di peggiorare – anziché migliorare – il rapporto tra i due. Dal canto loro, gli oppositori delle politiche di austerity chiamano in causa l'economista statunitense Laffer sostenitore della teoria dell'offerta e conosciuto principalmente per la sua curva.

L'esperienza recente conferma, ancora una volta, le sue posizioni rispetto ad una pressione fiscale troppo alta[24]. Tuttavia, Laffer non si attribuì mai la paternità di questo concetto ma, anzi, affermò di averlo appreso dallo stesso Keynes. Divenuto particolarmente influente negli anni dell'amministrazione Reagan, Laffer ne divenne ben presto uno dei massimi consiglieri economici negli anni della sua presidenza. Sarebbe logico chiedersi se le politiche di austerity che impongono tagli alla spesa pubblica in un contesto di incremento della pressione fiscale (che a mio avviso non sembra rientrare in una integrale riforma fiscale) possano davvero creare le condizioni necessarie alla stabilità dei conti, ovvero, alla ripresa economica. Appare evidente che le politiche come quelle del caso di specie non possano costituire la prassi per mantenere in equilibrio i conti pubblici. In passato, grazie al *fiscal drag* che fece incrementare il gettito delle imposte dirette, si riuscì a frenare la crescita del debito. Il *fiscal drag* smise di operare a partire dal 1989, con l'indicizzazione delle aliquote. E' chiaro a tutti che l'austerity italiana corrisponda a manovre di fortuna approntate sotto la spinta dell'emergenza; in assenza di una svolta nella politica economica capace di ridare slancio all'economia e di recuperare la produttività e i posti di lavoro persi, il rigore e la stabilità di bilancio non riusciranno a garantire il raggiungimento dell'obiettivo rispetto al quale rigore e stabilità costituiscono premesse: la crescita economica.

---

[24] A seguito della riduzione delle aliquote fiscali le entrate diminuiranno, sicuramente, nel breve periodo anche se l'effetto auspicato si produrrà nel lungo termine.

Non è tuttavia facile inquadrare le politiche recentemente adottate nell'ambito di quelle già ampiamente sperimentate nel corso della storia. L'azione governativa orientata alla risoluzione della crisi solo dal lato del debito, attraverso la leva fiscale e lo smobilizzo del patrimonio pubblico, ha paradossalmente prodotto effetti proprio sul debito e sullo spread, aumentati proprio nei mesi successivi alla manovra. L'onere del debito continua a rendere rigido il bilancio, ostacolandone l'uso a fini anticiclici e limitando le risorse che possono essere destinate a fini produttivi[25]. La riduzione del prelievo fiscali (attraverso una stabile contrazione delle aliquote impositive) soprattutto per quei redditi da lavoro, (più onerosi da produrre rispetto a quelli da capitale) genererebbe effetti espansivi sui livelli di spesa specialmente in quei soggetti con un'elevata propensione al consumo.

I vincoli di bilancio imposti dai parametri di Maastricht e divenuti ulteriormente stringenti con la previsione costituzionale del pareggio di bilancio, sembrano precludere questa possibilità. Inoltre consideriamo come una maggiore tassazione dei redditi da capitale, sempre più oggetto di operazioni speculative sui mercati finanziari, aumenterebbe il costo opportunità del capitale congelato, se non investito in borsa, in titoli più sicuri come quelli del Tesoro. Tengo a precisare che la crisi in atto nasce proprio dai mercati finanziari. Ai redditi prodotti su tali mercati sarebbe opportuno chiedere un maggiore contributo dal momento che la mole di profitti realizzati mediante le abili architetture dell'ingegneria finanziaria lascia ben poco sull'economia reale. La disponibilità di moneta liquida non impiegata in investimenti di lungo termine, in una situazione come quelle presente di incertezza sul futuro, alimenta il terreno della speculazione sul breve termine. Prima ancora di Tobin[26], Keynes intuì in maniera originale, l'opportunità di tassare le transazioni finanziarie

---

[25] L. Signorini, I Visco, op. cit.
[26] Il premio Nobel James Tobin ha esteso la proposta alle transazioni valutarie.

al fine di favorire, scoraggiando la speculazione sul breve, gli investimenti sul lungo termine. Al "paradosso del risparmio "di Keynes si rifà la cultura liberare quando si interroga su come liberare le risorse necessarie a rilanciare lo sviluppo. La situazione debitoria costringe l'Italia a finanziarsi per circa 400 miliardi sul mercato dei titoli del debito pubblico. L'indebitamento finalizzato al mero finanziamento dei costi connessi al debito non può che determinare un peggioramento della situazione debitoria e, quindi, della valutazione dei mercati sulla solvibilità della nazione. Tutto ciò finisce col far accrescere la percezione che l'Italia non possa rappresentare una reale opportunità di investimento.

Va da sé che l'analisi della situazione concreta non lascia dubbi sulla necessità di un riequilibrio del bilancio pubblico. Un maggiore debito comporta il pagamento di maggiori interessi ai quali si provvede mediante l'emissione di ulteriori titoli del debito pubblico. La percezione da parte dei mercati che l'entrata così generata non venga destinata a scopi produttivi alimenta quel clima di sfiducia che, deprimendo la domanda del titolo, spinge in su il suo rendimento con effetti sulla dinamica "crescente" del rapporto tra debito e Pil. Ma la questione realmente dibattuta, anche nelle pagine di questo scritto, non mette in discussione la necessità di politiche di risanamento bensì il ritmo e l'intensità delle stesse; il timore è che queste misure di questo tipo possano depauperare definitivamente lo Stato delle risorse e delle "chances" di ripresa senza creare le condizioni per lo sviluppo. Un ritmo troppo serrato "talebano" per usare l'espressione del governatore Visco "rischia di fare più male che bene al malato di turno". Questa considerazione, apparentemente semplice, nasconde un significato più profondo di quanto potrebbe sembrare.

L'immane sforzo compiuto dall'Italia per arginare, nel giro di pochissimo tempo, il disordine di anni e anni di sottovalutazione delle esigenze di riequilibrio dei conti pubblici, rimanda allo schema teorico del famoso economista David Ricardo. Questi, nel considerare un evento straordinario per la vita di un paese, come una guerra, per finanziare la quale poteva porsi l'alternativa di ricorrere ad un'imposta straordinaria o all'emissione di nuovo debito pubblico, considerava che, in realtà, nessuna alternativa esistesse. L'autorevole studioso inglese non escludeva, in caso di ricorso al debito, un futuro aumento delle imposte; argomentava che il valore attuale delle maggiori imposte future sarebbe esattamente uguale alle maggiori imposte che si sarebbero dovute riscuotere nel presente nel caso in cui si fosse escluso il ricorso al debito per finanziare l'evento straordinario.

L'osservazione dei fatti economici odierni riporta in auge il grande economista inglese la cui visione, esemplare nell'attuale contesto, trova un perfetto riscontro pratico.

La peculiarità italiana consiste nel fatto che all'aumento dell'incidenza delle spese non è stata fatta corrispondere, per molti anni, un significativo aumento delle entrate[27]. Tra il 1970 e il 1980 queste crebbero di 4 punti, contro una crescita delle spese di 9 punti, in percentuale del Pil.

Il carico fiscale che, per effetto delle politiche di austerity, colpisce le generazioni presenti a fronte del maggior debito pubblico contratto nel passato mette in evidenza problemi di natura redistributiva che non intendiamo affrontare in questa sede. La generazione attuale che sconta i costi dell'aggiustamento rappresenta il "malato di turno" a cui si accennava in precedenza. Assodato che un riequilibrio dei conti pubblici non sia più procrastinabile, ritorniamo sulle modalità di attuazione delle manovre di aggiustamento. Le parole del governatore Visco con le quali definisce "talebano" il ritmo serrato delle stesse, rimandano alla trattazione che Musu sviluppava in relazione ai tempi

---

[27] L. Signorini, I Visco, L'economia Italiana, terza edizione 2002, Il Mulino, Bologna, pag. 115.

del risanamento[28]. Argomentando sull'obiettivo di giungere ad un avanzo primario nel bilancio pubblico di dimensione adeguata, lo studioso si pone il problema di "definire un intero sentiero temporale di aggiustamento la cui durata può essere breve o lunga".

La questione posta prevede due alternative: quella di puntare su un aggiustamento rapido e, quindi, necessariamente drastico, contrapposta a quella di un aggiustamento di maggiore gradualità. Musu afferma che un aggiustamento graduale, se ha il vantaggio di evitare o quantomeno smorzare l'effetto recessivo, può durare un tempo eccessivamente lungo al punto che i mercati finanziari fatichetanno a capire se il governo abbia davvero la volontà di arrivare ad un aggiustamento. Così facendo, essi non aiutano la discesa dei tassi di interesse necessaria a ridurre la spesa connessa al pagamento degli interessi sul debito. Per contro, un aggiustamento troppo drastico e rapido sebbene abbia il vantaggio di determinare una più veloce sistemazione dello squilibrio generato nei conti, comporterebbe costi sociali – oltre a quelli economici – elevati al punti di compromettere la credibilità stessa della strategia. Gli effetti depressivi sul ciclo economico saranno tanto maggiori quanto più elevati sono gli aumenti di entrata e i tagli della spesa.

L'esperienza empirica ha dimostrato come l'urgenza di fare cassa abbia fatto optare per manovre "drastiche" atte a far ottenere immediatamente le entrate necessarie. Gli effetti depressivi vengono evidenziati dai valori assunti dai principali indicatori di struttura. Questi esiti non fanno che confermare la tesi che una politica di austerity, in un periodo di recessione, produce effetti ulteriormente depressivi.

Quali premesse per la crescita?

---

[28] I. Musu, Le manovre di aggiustamento: drastico o graduale? In op. cit.

Tornando sui tempi, quindi, sulla velocità del risanamento, dal canto suo anche Lagarde, come Visco, sostiene che il risanamento dei conti "non dovrebbe essere una corsa obbligatoriamente veloce". Ciò che si intende sostenere e dimostrare in questo lavoro è la necessità ti riforme strutturali per il rilancio dell'economia che facciano seguito alle politiche di riduzione del debito in corso. Vista in questi termini, la stabilità dei conti pubblici costituirebbe non l'obiettivo finale, bensì, la premessa principale, delle politiche di sviluppo.

La prospettiva di una crescita economica in un contesto di stabilità della finanza pubblica potrebbe infondere nei mercati una fiducia maggiore di che si genererebbe in presenza di una sterile politica di rigore non accompagnata da un credibile progetto di sviluppo di lungo termine; quest'ultimo deve prevalere su quelle misure "tampone" di breve periodo che guardano soltanto agli effetti immediati sul consenso e che hanno finito col caratterizzare la *political economy italiana*. Signorini e Visco nell' "economia italiana" definiscono la seconda metà degli anni Ottanta come l'epoca del risanamento mancato. Il "contro shock" petrolifero del 1985 insieme al soddisfacente livello di crescita di quegli anni hanno costituito un'occasione (mancata) per quegli interventi di graduale riequilibrio che forse avrebbero potuto risparmiare le terapie assai più drastiche che si sono rivelate necessarie in seguito[29].

Le controverse politiche di spesa pubblica degli anni Ottanta non corrispondono al keynesismo che vuole una maggiore spesa pubblica in funzione anticiclica. La crescita della spesa pubblica degli anni

---

[29] Il livello e la crescita della spesa pubblica nel nostro Paese sono all'attenzione dei governi e del parlamento italiano da almeno 35 anni. Un rapporto venne scritto a metà degli anni Settanta promosso da Mario Ferrari Aggradi. Il primo progetto di rientro per il 1978-81 è attribuibile a Filippo Pandolfi, Ministro del Tesoro. Agli albori della programmazione finanziaria, Beniamino Andreatta discusse e progettò nel 1981-82 scenari di riduzione nel 1981-82.

Ottanta si inseriva in un contesto di espansione economica, che avrebbe dovuto rappresentare (secondo Keynes) il momento per ripagare gradualmente il debito piuttosto che accrescerlo con la maggiore spesa pubblica come di fatto avvenne. Come ci ricorda Adam Smith nella Ricchezza delle Nazioni, un Paese non può vivere senza spesa pubblica, ma si può condannare alla stagnazione e all'instabilità finanziaria se la spesa pubblica cresce troppo rapidamente o se è troppo elevata.

"La dinamica di crescita della spesa pubblica è governata dalle proposte del governo, dalle decisioni del parlamento e dall'azione amministrativa. È spesso decisa sulla base di valutazioni che riguardano la sua dinamica piuttosto che le ragioni della sua esistenza"[30].

Le misure di *spending review* hanno occupato, negli ultimi anni, una posizione di rilievo nell'ambito del più ampio obiettivo di cominciare ad affrontare, questa volta sembrerebbe in maniera definitiva, il problema della spesa pubblica dal punto di vista delle singole attività. Osserviamo, nuovamente, che le obiezioni sollevate non sono indirizzate tanto a contestare la necessità del risanamento che scaturisce dai vincoli europei, quanto l'assenza di flessibilità nell'assicurarne il rispetto.

Il Documento di Economia e Finanza del 2013 dà evidenza di un andamento della domanda interna che non riflette la graduale ripresa di quella internazionale. Le stime contenute nel DEF segnalano una ripresa del processo di crescita grazie alla chiusura dell'Output Gap favorito dal miglioramento delle condizioni della domanda.

Il Documento riconosce comunque che la crescita dell'1,3% stimata per il 2014 è in buona parte attribuibile al rientro nel sistema economico di liquidità conseguentemente al pagamento dei debiti

---

[30] P. Giarda, Elementi per una revisione della spesa pubblica, Rapporto 2012.

commerciali da parte della Pubblica Amministrazione. Le stesse stime del Documento, propongono una crescita di poco superiore allo 0,5% in mancanza del provvedimento in specie. Nel valutare gli effetti sull'economia reale di tale intervento si è tenuto conto che una parte dei pagamenti alle imprese confluirà nel settore creditizio in quanto una quota del portafoglio debiti risulta già ceduto alle banche pro-solvendo o pro-soluto. La quota di liquidità restante nella disponibilità delle imprese verrà presumibilmente impiegata per rivedere i programmi di investimento, ovvero, per il pagamento di arretrati ai fornitori o al personale[31].

La posizione dei Nobel dell'economia

Lo stimolo all'economia proverrà, coerentemente con le previsioni del DEF, proprio dal miglioramento delle componenti interne della domanda. L'idea del "rigore statico" associata al Fiscal Compact (F.C. d'ora in poi) e dai vincoli da esso imposti, non viene condivisa da numerosi economisti (non solo della scuola keynesiana) e Premi Nobel per l'economia: Arrow, Diamond, Sharp, Maskin, Solow. A parer loro, l'introduzione nelle Carte Costituzionali del vincolo del pareggio di bilancio[32] aggiungerebbe ulteriori restrizioni quali la riduzione del gettito (per concomitante riduzione del Pil) e l'aumento dei sussidi di disoccupazione.

Ciò che sicuramente contestano i Nobel sopracitati è l'idea sottesa al concetto stesso del F.C. ovvero che i saldi del bilancio pubblico

---

[31] Documento di Economia e Finanza 2013.
[32] Con l'adesione al Fiscal Compact i 25 Paesi Europei hanno accettato il perseguimento del pareggio di bilancio attraverso la sua introduzione nelle proprie Carte Costituzionali. Per l'Italia, l'introduzione del pareggio di bilancio nelle Carta costituzionale è avvenuta con anticipo rispetto alle scadenze fissate dal F.C. mediante la modifica dell'art. 81.

vadano riportati in quasi pareggio a prescindere dal contesto economico di riferimento. L'intervento di questi economisti riporta il dibattito al centro della questione controversa e già accennata nelle pagine di questo lavoro, della velocità con cui si persegue il risanamento. "Nell'attuale fase dell'economia è pericoloso tentare di riportare il bilancio in pareggio troppo rapidamente. I grossi tagli alla spesa e/o gli incrementi di pressione fiscale necessari a raggiungere questo scopo, danneggerebbero una ripresa economica di per se debole"[33]. Se è vero che il debito smette di crescere grazie a deficit di bilancio nulli, non è meno veritiero che ciò potrebbe non bastare per fare ritornare la fiducia nell'economia. Certamente, una politica di rigore, in assenza di un adeguato livello di consumi ed investimenti nel settore privato, può condurre, come l'esperienza empirica ha dimostrato, in una trappola senza uscita.

Con il Fiscal Growth approvato nel Giugno del 2012 nel quadro della strategia europea del 2020 si è cominciato a ripensare al F.C. in favore di un rigore non più statico, bensì "dinamico". In particolare, la Commissione ha cominciato a considerare attentamente l'incidenza delle forti restrizioni di bilancio sulla spesa pubblica e a valutare interventi sulla crescita da realizzare mediante investimenti pubblici produttivi.

Con la formalizzazione del Fiscal Growth viene riconosciuta la necessità di una strategia articolata di riforme per rimuovere le barriere strutturali e stimolare la produttività. A questo genere di politiche di stimolo si riferiscono il governo americano e il governatore della Fed quando invitano l'Europa ad impegnarsi di più sulla crescita. Si tratta di politiche necessarie ad incidere in maniera strutturale sul sistema al fine di accrescerne l'efficienza. Quella del mercato del lavoro – che ingloba la riforma del sistema pensionistico

---

[33] Appello dei cinque Premi Nobel al Presidente Obama contro il pareggio di bilancio in Costituzione.

– rappresenta la più importante riforma strutturale adottata in Italia durante gli anni della recessione. Occorre osservare, quando si parla di ritorno alla ripresa economica – con specifico riferimento al caso italiano – che i tassi di crescita registrati tra il 1995 ed il 2008 si sono mantenuti su livelli alquanto contenuti e comunque al di sotto della media europea. Bisogna pertanto assumere con le dovute cautele l'affermazione che rivendica il ritorno ad una crescita, di fatto, mancata. Si dovrebbe, in modo più opportuno, parlare di un ritorno allo status quo ante per riferirsi alla situazione pre-crisi, cioè, ad uno stato dell'economia sicuramente insoddisfacente ma preferibile a quello attuale.

Crescere per risanare: l'importanza delle riforme

Affrontare la crisi richiede che venga messa mano alla struttura del sistema economico attraverso una riforma che lo rimodelli dalle viscere; una siffatta riforma richiede tempo, capacità di adattamento, nonché una condivisione che diventa possibile soltanto grazie ad un rinnovamento culturale. A questo punto dobbiamo per forza di cose considerare che la crescita per anni mancata dovrà essere rincorsa in un clima di recessione, quindi, in condizioni in partenza svantaggiose. Più che perseguire la crescita, l'obiettivo delle politiche dovrebbe essere quello di intervenire su ciò che ne costituisce presupposto: produttività e recupero di competitività. Per dirla con le parole del Nobel per l'economia (2001) Spence, "la crescita non è propriamente un obiettivo, costituisce un'importante via per ripristinare la stabilità fiscale e per creare nuove opportunità di impiego per i giovani". In ogni caso la crescita ha bisogno di essere mantenuta nella giusta prospettiva".

Quanto affermato dall'economista è in linea con la nostra critica alle politiche di austerity, troppo incentrate sul rigore (fine alla stabilità dei conti) e poco sulle misure di crescita. Ma se nelle parole di Spence la crescita rappresenta una via per ripristinare la stabilità fiscale, ciò significa che quest'ultima deve seguire alla crescita e non precederla. Riassumendo: prima la crescita e poi la stabilità dei conti. La Germania ha ristabilito le proprie competitività e crescita in un contesto di espansione economica e di stabilità dell'Eurozona. L'attuale congiuntura richiede sforzi maggiori ai Paesi che intendono alzare la china e recuperare la competitività necessaria alla crescita. Ad ulteriore conferma della nostra tesi circa gli effetti delle politiche di austerity riportiamo gli esiti di Martin Walf che in un grafico pubblicato sul New York Time evidenzia il tasso della crescita media, dal 2008 al 2012, dei Paesi Europei e la loro relazione con le politiche di austerity da parte dei vari governi. Il grafico dà evidenza dei più alti tassi di crescita di Paesi come la Slovacchia, la Finlandia e il Belgio, attribuiti dallo studioso (Walf) ad un minore grado di austerità; quest'ultimo risulta massimo in Grecia dove, parallelamente si registrato tassi di crescita negativi.

Sulla tesi di Walf e confermata dall'evidenza empirica – che l'austerity non stimoli la crescita – concorda anche il Nobel Paul Krugman. Tuttavia meno evidente appare l'assioma opposto ovvero che un Paese che no faccia austerity abbia maggiore crescita. Prima di concludere è appena il caso di fare menzione del "deficit strutturale" di medio termine previsto dalla *Golden Rule* introdotta nelle Carte Costituzionali dei Paesi dell'Eurozona.

Qualche considerazione sul concetto di Out Gap

La controversia apertasi tra gli economisti intorno a questo concetto riguarda la metodologia utilizzata per il calcolo di questo "saldo strutturale" di bilancio che non dovrebbe superare lo 0,5% del Pil. Il calcolo del deficit strutturale si basa sulla "stima" del Pil potenziale della nazione, a sua volta influenzato dal tasso di disoccupazione strutturale. La principale critica mossa dagli economisti riguarda la misura dell'*output gap*[34] rappresentante lo scostamento tra il Pil effettivo e quello potenziale. Il deficit strutturale misurato al netto delle misure *una tantum* e degli effetti del ciclo economico potrebbe non rappresentare, per la metodologia adottata, che una minima parte del deficit attribuibile alla crisi.

La sensitività del bilancio rispetto al ciclo economico e calcolata come differenza tra l'elasticità delle entrate e quella delle spese (che reagiscono a variazioni congiunturali dell'economia) è pari allo 0,5%. Il DEF 2013 riconosce, con riferimento alle misure temporanee e una tantum, che non esiste una metodologia che consenta di individuarle univocamente, sicché bisogna procedere a valutazioni caso per caso sulla base dei regolamenti e delle raccomandazioni emessi dall'Eurostat[35].

---

[34] L'output gap, calcolato come differenza tra il Pil effettivo e quello potenziale, è utilizzato per calcolare gli effetti ciclici su entrate e spese. Il metodo utilizzato dal Fondo Monetario Internazionale e dall'Ocse calcola il trend del Pil sulla base dei trend dell'occupazione e della produttività totale dei fattori. Il filtro HP, invece, utilizza la serie storica del Pil per calcolare i valori dei trend per ogni periodo tramite l'applicazione di medie mobili ponderate.

[35] Tra le misure, indicate dalla Commissione Europea, che gli Stati Membri possono considerare una tantum rientrano: i condoni fiscali, la vendita di attività non finanziarie (tipicamente immobili, licenze e concessioni pubbliche, modifiche legislative con effetti temporanei sulle entrate, entrate straordinarie delle imprese pubbliche (per esempio dividendi eccezionali) e le sentenze della Corte di Giustizia Europea che implicano esborsi/rimborsi finanziari.

Il pensiero di molti economisti non sembra sfuggire alla conclusione di una sottostima del tasso di disoccupazione attribuibile al ciclo economico; il prodotto potenziale così calcolato per addivenire alla misura dell'output gap e, quindi, del deficit strutturale non sembrerebbe, a loro parere, scontare adeguatamente gli effetti del ciclo così che il valore del Pil reale risulta essere molto vicino a quello del Pil potenziale. Il saldo di bilancio aggiustato per il ciclo può incorporare errori di calcolo collegati alla metodologia impiegata per separare le due cause del peggioramento dei conti: quella ciclica (esogena) da quelle legate alle politiche di bilancio.

Il metodo basato sulla funzione di produzione Cobb-Douglas per il calcolo dei bilanci strutturali già dall'inizio del 2000 è stato affiancato a quello del filtro Hp utilizzato dalla Commissione Europea

$$Y_t = L_t \cdot K t^{1-j} \cdot TFP_t$$

dove Y è il Pil espresso in termini reali, L il lavoro, K il capitale e J è l'elasticità del prodotto al fattore lavoro. Il valore di J assunto pari al valore medio osservato nell'UE e pari a circa 0,65 e stimato in base ai dati disponibili dal 1960 al 2003, viene fatto discendere direttamente dal livello dei salari (*wage share*). Il fattore TFP legato al contributo del progresso tecnologico sulla crescita economica, rappresenta la produttività totale dei fattori. Per il passaggio dal livello del Pil reale a quello potenziale occorre stimare l'uso potenziale (ossia i trend) dei singoli fattori produttivi. Tuttavia la stessa Commissione riconosce i limiti del metodo di filtraggio di Hodrick e Prescott (HP). Senza dilungarmi troppo sugli aspetti tecnici di questi metodi statistici di analisi univariata si precisa soltanto che la stima del fattore lavoro potenziale viene ottenuta moltiplicando il trend del tasso di partecipazione per la popolazione in età lavorativa, per il livello di trend delle ore lavorate per addetto e per il complemento ad uno del tasso di disoccupazione di lungo periodo.

Un modello che utilizza il tasso di crescita annuale dei salari per stabilire quanta parte del tasso di disoccupazione nominale sia attribuibile al ciclo conduce sicuramente ad una sottostima che non tiene conto delle frizioni del mercato del lavoro che influenzano la rigidità dei salari. Sulla base di tali premesse sarà il valore della stima così ottenuta a determinare lo sforzo richiesto a ciascun Paese. Pertanto, ogni infinitesimale errore di stima potrebbe aggravare di diversi miliardi di euro lo sforzo per gli aggiustamenti annuali richiesti. L'utilizzo delle due metodologie conduce a stime diverse del Pil potenziale che solo occasionalmente possono coincidere essendo basate su ipotesi e calcoli diversi.

La discussione sull'opportunità di rendere il Patto di Stabilità più flessibile ha portato alla definizione di varie proposte, tra cui quella di Mario Monti, di considerare la spesa per investimenti – che produce effetti su lungo termine – su più esercizi, evitando di farla gravare integralmente sul primo anno. I vincoli di bilancio, infatti, non consentono di inserire la grande spesa per investimenti nel primo anno; per motivi di sostenibilità l'idea di considerare, per la spesa di investimenti, quote di ammortamento da distribuire su diversi esercizi consentirebbe di evitare che l'obiettivo del risanamento dei conti venga raggiunto a scapito della formazione e dell'accumulazione del capitale fondamentali per la crescita.

3
MONETA UNICA IN UN'EUROPA DIVISA

Il clima antieuropeo, figlio dell'euroscetticismo che da qualche tempo si annida con molta facilità nel comune sentire, ha assunto dimensioni tali da far ripensare alle ragioni e agli scopi della nascita dell'Unione Europea.

Il lungo percorso che porto all'unificazione monetaria con l'euro moneta unica non di mostrò scevro da critiche e preoccupazioni. Nel 1990 furono convocate a Roma due conferenze intergovernative, propedeutiche alla stesura del Trattato di Maastricht entrato in vigore di lì a poco, destinate a portare avanti sia il processo di integrazione politica che quello di unione economica e monetaria. Pur riconoscendo
il carattere politico della decisione di unificare sotto una moneta unica un diverso numero di paesi che, definitivamente, hanno rinunciato alla propria sovranità monetaria bisogna comunque ammettere che l'aspetto economico della questione, per quanto indagato con timore da numerosi economisti sia stato sottovalutato. Non occorrono grande competenze per comprendere che la scelta di unificare un'area sotto un unico segno (che è diventato l'euro) richiede che alcuni requisiti "minimi" devono essere soddisfatti. La questione oggi dibattuta dell'unificazione monetaria aveva già, più di mezzo secolo fa, attirato l'attenzione dei grandi studiosi del tempo le cui osservazioni appaiono, oggi, più degne di considerazione di quanto non lo siano state in passato. Le preoccupazioni da costoro sollevate, all'epoca, furono liquidate con la promessa di riforme adeguate.

Le origini europee: il ripasso storico

Dal 1° Gennaio 2002 l'euro ha sostituito definitivamente le valute nazionali nei 12 Paesi europei che soddisfacevano i criteri per l'adozione della moneta unica. La Slovenia aderì successivamente, nel 2007, quale tredicesimo Paese partecipante all'area euro, seguita, nel

Gennaio 2008 da Cipro e Malta, dalla Slovacchia, nel Gennaio 2009, dall'Estonia nel Gennaio 2011 e dalla Lettonia nel Gennaio 2014[36]. Fu il Trattato di Maastricht a stabilire i criteri guida per l'ammissibilità dei Paesi all'area dell'euro; in particolare, ciascun Paese doveva assicurare il rispetto dei quattro parametri relativi all'andamento dell'inflazione, dei tassi di interesse, alla stabilità dei cambi e a specifici rapporti del deficit e del debito rispetto al Pil.

La scelta verticistica dell'euro comincia ad essere paragonata all'unico caso della storia in cui è stata imposta un'unica moneta: le conquiste. Nell'Alto Medioevo ritroviamo vari sistemi monetari che Carlo Magno, in seguito, unificò nei vari territori da lui conquistati attraverso l'istituzione di un sistema monometallico a base argentea. Per converso, secondo il Nobel per l'economia Milton Friedman "non c'è nulla di sbagliato, in generale, a volere un'unione monetaria... la moneta unica sposta in politica a anche quelle che sono questioni economiche". Assodato il carattere "politico" dell'iniziativa dell'introduzione della moneta unica, le più importanti implicazioni appaiono di ordine economico. La prospettiva dei vantaggi che avrebbe prodotto l'euro ha spronato i Capi di Stato e di governo a superare le incertezze e gli scetticismi nutriti nei confronti di un'unione monetaria dominata da quella che è poi divenuta la moneta comune. L'euro, in fin dei conti, è stato concepito come uno strumento di sviluppo economico. Le argomentazioni a favore della sua introduzione riguardavano la stabilità del quadro macroeconomico a cui avrebbe contribuito attraverso la riduzione dei costi delle transazioni valutarie (inerenti al rischio di cambio). Se, pertanto, la decisione di aderire ad un'unione monetaria è dipesa da un'iniziale prevalenza dei benefici stimati sui costi, il rapporto dei primi con i secondi non è definito una volta per tutte. La valutazione dei costi e

---

[36] Al 1° Gennaio 1999 erano 11 gli Stati ritenuti idonei ad introdurre la moneta unica.

dei benefici di una moneta unica può sempre subire variazioni nel corso del tempo. La rinuncia alla sovranità monetaria delegato ad organismi sovranazionali, la fissazione di cambi fissi rigidamente definiti per tutti i Paesi dell'area euro a prescindere dai propri contesti economici, non fanno altro che nutrire il dibattito che vieppiù alimenta lo scontro sull'euro.

L'esperienza delle svalutazioni competitive

Chi crede che l'euro impedisca ad alcune economie, quelle più vulnerabili, di competere a livello internazionale, raffrontando l'attuale situazione congiunturale con l'esperienza passata delle svalutazioni non fa altro che rappresentarsi una situazione incompleta e miope della reale situazione. L'uscita dall'euro è un argomento attraente ma difficile da trattare se si vuole andare al di là delle semplici posizioni ideologiche e dei luoghi comuni. Un'analisi attenta ed accurata, che voglia ridurre al minimo la possibilità di errore, non può non ispirarsi ad un'attenta disamina dell'esperienza passata valutata, però, tenendo conto del diverso contesto odierno. Le stesse cautele deve prestare chi, invece, invoca il pericolo inflazione nel tentativo di ostacolare l'abbandono della moneta unica in favore del ritorno ad una sovranità monetaria capace di ogni fluttuazione al di fuori di ogni controllo.

Nessuno vuol negare i buoni risultati conseguiti dall'Italia nel commercio con l'estero, risultati che hanno consentito di beneficiare dei vantaggi di una bilancia dei pagamenti in attivo. In occasione della crisi internazionale i gravi problemi legati in primo luogo alla disoccupazione hanno visto l'euro quale capro espiatorio finendo col mettere a dura prova le ragioni stesse di esistenza della moneta unica. Grazie all'euro è stata definitivamente abbandonata l'esperienza delle crisi dei cambi che si ripetevano tra le divise europee. Per avere un'idea di quanto detto occorre considerare che nei primi anni Novanta l'indebolimento del dollaro determinava gli investitori a buttarsi a capofitto sul marco, che di conseguenza cresceva sensibilmente a danno delle altre monete europee. Si ricorderà che nel 1971 fu dichiarata la inconvertibilità del dollaro fino ad allora assicurata dagli accordi di Bretton Woods del '44. I crescenti tassi di interesse causavano non pochi problemi sul fronte delle importazioni rendendole più onerose. Basti pensare che in un Paese come la Francia i tassi di interesse a breve si mantenevano intorno al 10% con punte più alte proprio in corrispondenza delle crisi dei cambi. Insomma, più che all'euro, bisogna ripensare alla *governance*.

La probabile uscita dall'euro

L'impopolarità delle pratiche dell'austerity stabilite in sede europea ha inoltre alimentato avversione nei confronti dell'appartenenza ad un'entità politica sovraordinata (qual è quella europea) considerata la madre delle politiche suicide degli ultimi anni. La polemica che ne è scaturita ha visto posizioni diverse contrapporsi in ordine ad una possibile uscita dell'Italia dall'area dell'euro. A distanza di non molti anni dalla sua introduzione, il dibattito politico non è riuscito a fornire altra soluzione che la drastica alternativa dell'uscita dall'area della moneta unica. Un esito di così vasta portata richiederebbe una riflessione ancora più articolata rispetto alla riduttiva soluzione appena delineata. A sostegno della tesi di chi propende per il ritorno alla valuta nazionale vengono invocate le svalutazioni finalizzate ad una ripresa delle esportazioni. Allo stesso tempo, chi auspica il ritorno alla lira esalta, forse nostalgicamente, anche la possibilità di monetizzazione del debito pubblico. Ma tornare alla sovranità monetaria per compiere le tanto desiderate "svalutazioni competitive" aiuterà davvero a stimolare, come in passato, la domanda estera di beni prodotti nel nostro Paese? Nessuno vuol negare il ritorno economico in termini di crescita associato alle svalutazioni competitive compiute in passato. Le perplessità, però, riguardano la ripetibilità di una tale situazione in un contesto fortemente mutato non solo dagli effetti della crisi economica; è la stessa organizzazione della produzione che, risultando frammentata in un contesto in cui le multinazionali svolgono un ruolo di primo piano nell'organizzazione della stessa e dei flussi commerciali, ha visto il peso industriale dell'Italia ridursi rispetto al passato. Inoltre, occorre tenere nella debita considerazione la concorrenza dei Paesi emergenti dell'Est asiatico e dei relativi effetti sulla produzione interna del nostro Paese. Inoltre, il mutato sistema finanziario insieme alla nuova configurazione geopolitica assunta dall'Europa con cui l'Italia deve inevitabilmente confrontarsi non dovrebbero lasciare dubbi alla considerazione che le condizioni sono cambiate e che forse sbaglia chi continua a guardare al futuro con gli strumenti del passato. Rispetto a questi sviluppi, potrebbero risultare attenuati, e di molto, i benefici che vengono, senza una cosciente analisi critica, associati all'uscita dall'euro. La verità è che la gravità della crisi nell'area dell'euro ha messo a nudo l'inadeguatezza delle misure "tampone" adottate negli ultimi anni nel tentativo di arginare gli effetti generati dalla crisi. La spiegazione a questo fenomeno, per quanto difficile da accettare, risulta più semplice di ogni altra articolata considerazione. La teoria prima e l'esperienza empirica dopo hanno dimostrato che la soluzione non può limitarsi ai soli effetti generati dal problema; l'intervento andrebbe indirizzato a monte, ossia alla causa del problema stesso. Soprattutto per l'Italia, la crisi attuale non ha rappresentato altro che l'ultimo stadio di un sistema economico da anni in decadenza. Poiché l'unione monetaria rappresenta l'elemento portante della struttura politica ed istituzionale dell'Unione Europea, basata anche su una moneta comune, appare ragionevolmente implicito nel rifiuto dell'euro la messa in discussione della partecipazione all'UE.

Tuttavia, appare evidente che le considerazioni mosse recentemente sull'euro trascurino rilevanti aspetti e ne enfatizzano altri.

In linea generale, non trovo attendibili, bensì riduttive, i tentativi di chi vuole riassumere in breve i vantaggi e gli svantaggi di un'eventuale uscita del nostro Paese dall'area dell'euro. Un'analisi articolata, che tenga conto di tutte le variabili in gioco, non può ridursi ad una semplice e sintetica elencazione dei pro e contro scevra da ogni riferimento all'attuale contesto macroeconomico. Pertanto, ogni argomentazione, per la complessità del problema oggetto di studio, appare superflua e priva di significato. Il ruolo dell'economista non è quello dell'indovino; di conseguenza, chiunque si ritenga in grado di predire precisamente gli esiti dell'uscita dall'euro, senza soprattutto mettere in conto tutti gli aspetti che invece andrebbero considerati, è un ciarlatano e, quindi, non merita di essere considerato attendibile. Su questo terreno anche la dialettica politica sembra essere molto carente. Nessuno vuol qui negare che con l'euro siano venuti meno i margini di manovra di cui disponevano i vari Paesi prima della sua introduzione e che si siano determinate rigidità tali da non consentire agli stessi di intervenire nel modo auspicabile; le stesse svalutazioni competitive invocate dai sostenitori del ritorno alla lira come la soluzione ai mali dell'economia potrebbero non apparire così proficue. "Avere una moneta svalutata, come si insegna nei corsi di Economia, favorisce le esportazioni ma aumenta il costo delle importazioni" fa notare M. Centorrino. La crisi politica ha determinato, come peraltro già considerato, un generalizzato sentimento "euroscettico", dal quale, ben presto, nuovi populismi hanno tratto linfa vitale. Per dovere di imparzialità occorre constatare che l'export italiano è rappresentato anche da prodotti meccanici (macchinari) destinati all'industria, ben apprezzati sui mercati esteri non per il fatto di essere venduti a basso costo, bensì per la loro qualità. Pertanto, questo segmento non ha bisogno di una moneta svalutata per recuperare competitività. Per tutte le altre produzioni, però, un recupero di competitività, che sia duraturo, non deve limitarsi ad una semplice svalutazione monetaria. Sarebbe più auspicabile un'integrale ristrutturazione del sistema economico ad ogni livello, sicuramente accompagnato dalle opportune riforme fiscali a sostegno, senza le quali si rischierebbe di diventare, nonostante le eccellenze di cui l'Italia gode, un'economia da paese in via di sviluppo. Non bisogna credere alla storia di chi racconta che con la lira non ci sarebbe stata recessione o quantomeno che i suoi effetti sarebbero stati attenuati. Nel caso in cui una svalutazione fosse possibile, - quindi nel caso di ritorno alla vecchia valuta nazionale – il risultato atteso è analogo a quello conseguito nel periodo '92-95 allorquando l'Italia, insieme ad altri Paesi che svalutarono, registrarono un'impennata dell'export e quindi della produzione industriale. Ma questa situazione apparirebbe difficilmente riproponibile anche per il minor peso industriale dell'Italia rispetto agli anni esaminati. Molto dipenderà dal modo di disgregazione dell'euro; un ritorno alla lira in un contesto di default a catena non darebbe all'economia reale i vantaggi auspicati poiché il quadro complessivo sarebbe quello di un tracollo generalizzato. In un tale contesto l'export verso il resto d'Europa sarebbe pregiudicato. Pertanto, l'Italia vedrebbe dissolvere gli effetti benefici legati ad una svalutazione. Inoltre, a destare maggiori perplessità, è la capacità della classe politica di gestire efficacemente la svalutazione e l'impatto inflattivo che si genererebbe, e di evitare, allo stesso tempo, politiche di espansione della spesa pubblica dissennate come quelle conosciute nel passato. Come è facile intuire, il vero limite sta proprio nel comportamento umano, in particolare della classe politica, che rischierebbe di vanificare il vantaggio competitivo che consegue ad una svalutazione invece di consolidarlo. Per il momento, l'enfasi posta sulla possibili benefici di un ritorno ai cambi flessibili, che consentono di aggiustare il valore della propria moneta alle mutate condizioni del mercato, non considera, verosimilmente, le conseguenze sul versante dell'inflazione. Storicamente, la politica monetaria ha costituito il principale strumento di risposta agli shock negativi provenienti dall'esterno. Il fatto che oggi gli Stati si siano trovati svuotati di una funzione che per anni ha fatto parte della propria storia e della propria cultura può essere sufficiente a spiegare l'impreparazione, e l'obiettiva difficoltà di immaginare meccanismi di risposta alternativi. Nelle pagine del Sole 24 Ore Vittorio Da Rold non poteva offrire spiegazione migliore: in caso di problemi "o si svaluta la moneta (ma con l'euro non si può più) o si svaluta il salario". Ciò a cui, evidentemente, fa riferimento Da Rold sulle pagine dell'autorevole quotidiano economico, è la naturale legge della domanda e dell'offerta. Se si impedisce al prezzo di una valuta di seguire questa semplice ma fondamentale legge dell'economia, le tensioni che ne derivano andranno a scaricarsi sul mercato del lavoro.

I bassi tassi di inflazione registrati negli ultimi tempi hanno allontanato l'attenzione da quella che potrebbe diventare una "spirale inflazionistica" nel caso di una svalutazione spinta troppo in là. C'è addirittura chi, senza mezzi termini, afferma di essere disposto a barattare una maggiore dose di inflazione con minori livelli di disoccupazione. Sull'inflazione, solo a volerlo, si possono sviluppare infinite considerazioni. Ciò che sottolineiamo è il fatto che la moneta è nata con la missione di garantire una duratura stabilità dei prezzi in tutta l'area della moneta unica. Quella di Kegel chiamata "Cultura della Stabilità" sarebbe dovuta servire ad allontanare definitivamente il pericolo dell'inflazione allo scopo di radicare nelle aspettative degli investitori finanziari la solidità dell'euro[37]. Il riferimento a Parguez appare utile ad arricchire di elementi nuovi il ragionamento che viene portato avanti sull'euro. Muovendoci all'interno del suo schema argomentativo, l'autore non rinuncia ad una critica disamina dei meccanismi sottesi al funzionamento di un'unione monetaria di cui l'euro è il discusso protagonista. A parer suo, "tutte le regole che vincolano il sistema monetario europeo sono state stilate per permettere alla Bce di imporre un'inflazione attesa pari a zero e per convincere gli investitori internazionali che essa può soddisfare le loro richieste". L'unione monetaria ed economica è stata concepita quale strumento per arrivare al fine ben preciso dello sviluppo economico; in quest'ottica, l'euro non costituiva il fine ultimo. In

---

[37] Alan Parguez, *Il fallimento atteso dell'unione economica monetaria europea: una moneta falsa contro l'economia reale*, Doc. 5, ME-MMT DOCUMENTI, in www.memmt.info.

quella fase iniziale l'euro veniva presentato come il "catalizzatore dell'identità europea". Grazie all'euro, l'Unione avrebbe potuto, finalmente, disporre della moneta richiesta dalla sua posizione sul panorama internazionale e dai suoi partners che l'attendevano quale fattore di stabilità del sistema monetario internazionale[38]. Lo stesso Parguez, nel sostenere che i vincoli della politica fiscale sono stati puntualmente definiti per rafforzare sui mercati finanziari l'aspettativa di una valuta molto forte, spinge la sua riflessione fino a farla giungere alla più vicina problematica dell'economia reale. Insiste, quindi, sulla natura e sulla funzione attribuita all'euro. In linea con i principi dell'economia neoclassica viene riconosciuto, oltre al ruolo di strumento di pagamento, una domanda di moneta per fini accumulativi. Parguez afferma che "la forza dell'euro è determinata dalla volontà dei detentori di ricchezza di avere la moneta invece che spenderla". La teoria neoclassica della moneta che si sviluppa negli anni Cinquanta a partire dalla concezione pigouvuana della moneta, di cui D. Patinkin è il principale autore, riconosce alla moneta un ruolo di "riserva di valore" sicché l'individuo può trattenerla invece di spenderla. Riconoscendo alla moneta questo valore intrinseco ed indipendente dalla circolazione si legittima un'accumulazione di ricchezza finanziaria che viene, ovviamente, sottratta al circuito reale dell'economia. L'economista Luigi Pasinietti in un'intervista riconosce che, "fino alla formulazione del teorema Modigliani-Miller, l'idea era che la funzione dei capitalisti fosse quella di non distribuire i profitti, bensì di accumularli". Da sempre economisti, accademici, autorità politiche hanno considerato l'egemonia monetaria a livello

---

[38] Dall'articolo di J. Santer, in Infoeuro, Bollettino d'informazione della Commissione Europea, Maggio, 1998.

internazionale come fonte di potere politico oltre che di vantaggi economici[39].

Secondo Cohen (Cohen, 1997) la supremazia monetaria conferisce sostanziali benefici all'egemonia politica e viceversa. Già in passato il generale De Gaulle aveva affermato che gli Stati Uniti avevano potuto indebitarsi senza un costo effettivo grazie al potere del dollaro; con gli accordi di Bretton Woods, inoltre, le altre nazioni hanno dovuto accettare e accumulare dollari per paura di provocare una rottura traumatica ed il collasso del sistema monetario internazionale.

Occorre chiarire che, oltre a Patinking, gli economisti della scuola classica non negano alla moneta il ruolo di mezzo generale di pagamento. Detenere euro anziché dollari è stato l'obiettivo degli architetti dell'euro i quali immaginavano per la moneta unica un ruolo di primo piano nell'agone monetario internazionale. Ma perché è così importante il ruolo internazionale dell'euro? Forse ancora oggi si stenta a guardare all'euro come ad un credibile e duraturo competitore del dollaro nonostante le dimensioni economiche delle aree coinvolte. Le vicende che, in seguito alla crisi, hanno interessato queste aree di libero scambio hanno sicuramente indebolito l'immagine e le aspettative degli operatori economici. Dalle pagine del suo saggio il prof. Pedalino non escludendo la possibilità che l'euro potesse assurgere a moneta di riserva internazionale, insidiando il primato del dollaro, non nasconde "l'instabilità, la speculazione e le pressioni protezionisti legate alla spinta competitiva connaturata a tale sistema. A differenza dell'area del dollaro che comincia a mostrare lievi segnali di ripresa, le aree interessate dalla moneta unica europea risultano ancora avvitate in una spirale recessiva senza pari. Evidentemente i meccanismi trasmissivi non

---

[39] A. Pedalino, L'euro nel sistema monetario internazionale, Liguori editori, Napoli, 2005.

hanno ancora sortito effetti sulle altre realtà economiche. Appare facile considerare che gli Stati Uniti costituiscono la realtà in cui originano e trovano soluzione i grandi problemi economici. È stato così per il crollo del '29. La storia si è ripetuta. Il fallimento della Lehman Brother, nel 2008, ha consacrato l'inizio della crisi.

La mattina di lunedì 15 settembre 2008, il Wall Street Journal titolava a sei colonne in prima pagina: «Crisi a Wall Street, Lehman in bilico Merrill in vendita e AIG in cerca di soldi».

Ma d'altronde ce lo si aspettava che la ripresa ripartisse proprio dal Paese che ha originato la crisi. Tornando alla moneta unica, lo stesso Frenkel (Frenkel, 1993) considerava alquanto remota la possibilità che, almeno fino al 2020, una moneta diversa dal dollaro potesse sostituirlo sullo scenario internazionale. L'esperienza empirica lo ha dimostrato: l'euro non è riuscito a scalzare il secolare dominio del dollaro nonostante l'enorme peso del debito statunitense. Come era stato già considerato, gli accordi di Bretton Woods avevano, de facto, consacrato il dollaro come la moneta di riserva e di scambio internazionali rispetto alla quale le altre monete avrebbero dovuto dichiarare e sostenere la convertibilità. Le vicende che a partire dall'appena citato fallimento della Lehman Brother hanno interessato ogni parte del mondo, hanno ancora una volta dimostrato l'influenza economica di cui gode l'America in questo preciso punto della storia[40]

.

Citando nuovamente Parguez "l'euro è stato studiato per conformarsi alla regola neoclassica dell'esogeneità". Dal momento che la BCE determina in maniera esogena l'offerta di moneta, ogni legame tra Stato e valuta è venuto meno pertanto, la moneta stessa sarà "un puro investimento privato" . Il fatto che ogni potere monetario è

---

[40] A. Pedalino, op. cit.

stato sottratto agli stati membri può essere considerato un punto di forza dell'euro. L'autore non manca, inoltre, di far notare come la teoria economica dell'euro, rigettando il ruolo cruciale dello Stato riconosciuto, invece, dalla teoria della Moneta moderna va sostituendo i mercati finanziari allo Stato[41]. "Per la loro spesa desiderata, gli Stati membri dovranno ottenere credito dalle banche private, essi dovranno pagare i tassi di interesse fissati dalla Banca Centrale e la loro capacità di prendere a prestito dipenderà dalla capacità e dalla volontà delle banche private di finanziare le spese del governo. Le banche dovrebbero essere vincolate in primo luogo dagli obiettivi monetari fissati dalla Banca Centrale ed in secondo luogo dalla riluttanza degli azionisti a sostenere spese non orientate al mercato (come la spesa sociale). Le banche private imporrebbero quindi regole molto stringenti di merito creditizio alla domanda di credito da parte dello Stato".

La sua più acuta riflessione (di Parguez) lo porta alla conclusione che il valore reale della valuta è inversamente correlato al livello occupazionale. Ma prescindendo da tutte queste considerazioni che, per correttezza, meritavano di essere citate, ciò su cui vorrei soffermarmi è il volgare attacco all'euro che da diverse parti del mondo alimenta il dibattito politico riscuotendo una mole di consensi non indifferente. Senza imbattermi in tortuosi terreni mi limito a dare riscontro ad una semplice ma quanto mai chiarificatrice evidenza che dovrebbe catturare l'attenzione del lettore al fine di suscitargli qualche interessante riflessione. Mi limito a constatare che all'euro è venuta meno la forza delle economie che gli serviva da sostegno. Ma è obiettivo immaginare che quando l'economia va male il problema è la moneta (o solo la moneta)? Tra le argomentazioni più semplici ma

---

[41] A. Parguez, op. cit.

comunque più accreditate vi è quella che contesta l'esistenza di una moneta unica emessa da autorità governative in assenza di una volontà politica comune. Lo stesso Ferguson, docente di storia all'università americana di Harvard, nel considerare che un'Unione troppo sbilanciata non può reggere, riconduceva il colossale fallimento del progetto europeo alla non rinuncia, da parte degli Stati, alla sovranità fiscale e alla politica economica.

Forse gli Stati non vi hanno rinunciato perché, per definizione, non potevano; peraltro, gli squilibri tra i Paesi sono aumentati invece che diminuire come auspicava la nascita dell'Unione Europea e sono la naturale conseguenza di una crisi che rischia di evolvere nella dissoluzione dell'euro. Lo aveva fatto notare il premio Nobel per l'economia Amartya Sen in un'intervista sull'euro: "la moneta unica che era nata con lo scopo di unire il continente ha finito per dividerlo". In un tale contesto appare nella sua massima centralità il ruolo della Germania all'interno dell'Unione Europea. George Soros in un interessante saggio apparso sulla New York Review of Books riconosceva la posizione di primo piano della Germania di Angela Merkel tant'è che prospettava il ruolo di Paese guida dell'Europa in alternativa all'uscita tedesca dall'Unione. Dopo aver sostenuto per decenni che la moneta unica avrebbe destabilizzato l'Unione Europea, conclude che l'euro non va smantellato poiché "avrebbe un costo pesantissimo: un disastro per tutti, Germania compresa". Una stima del 2012 del consiglio economico del governo tedesco ha valutato le massime perdite potenziali per i creditori tedeschi in caso di crollo dell'eurozona in 2.8 trilioni di euro, un dato superiore al Pil annuale del Paese pari a 2,65 trilioni di euro. Qualunque divisa successiva, sia essa un nuovo vecchio marco o un euro nordeuropeo (il Nordo o Neuro) avrebbe un tasso di cambio meno vantaggioso per le esportazioni tedesche.

Pur ritendo che l'eredità culturale di Monnet-Schuman-Delors sia ormai inadeguata per lo storico Ferguson l'unità politica dell'Europa resta un fatto artificiale. Durante gli anni della crisi europea la Germania ha mantenuto un atteggiamento ostile nei confronti dei Paesi più indebitati, accusandoli di essere causa dei loro stessi mali.

Il dopo euro

Nonostante i tentativi di preservare l'integrità dell'unione monetarie nell'ambito di quella più ampia europea, gli euroscetticismi sfociarono in qualcosa di più della semplice polemica che ha fatto dell'uscita dell'euro il cavallo di battaglia della più recente campagna politica italiana. Invero, già da qualche anno alcuni Paesi avevano cominciato a pensare all'era del dopo euro. In particolare è del 2 Ottobre 2012 l'articolo di Roberto Sommella sull'autorevole quotidiano Milano Finanza (di cui è vicedirettore) intitolato "Berlino pensa già al dopo-euro". Nell'accennare ai programmi di ristampa dei vecchi marchi, nell'articolo viene sottolineato come in Germania la vecchia moneta "esiste ancora ed è viva e vegeta". Oltre ad essere utilizzata dalle banche per indicare il controvalore dei depositi continuano a rimanere gratuitamente convertibili senza limiti temporali al cambio di 1,95583 marchi per euro. Se si aggiunge che ancora numerosi negozi accettano il marco e che vengono cambiate anche le emissioni precedenti, comprese quelle della Bank Deutscher Lander in uso durante l'occupazione alleata, si deduce che la Germania abbia ancora la doppia circolazione. Non esistono limiti per la conversione neppure per le banconote della serie austriaca, per quelle spagnole comprese quelle emesse dal governo franchista durante la guerra civile del 1936. Neppure la Banca centrale del Belgio ha posto limiti temporali alla convertibilità, cambiando tutti i biglietti e messi dopo il 1944.

Per l'Italia, l'economista Paolo Savona ben conosciuto per i ruoli svolti nella Banca d'Italia, all'Ocse, alla Luiss come professore emerito di politica economica ed, attualmente, al Fondo Interbancario di Tutela del Risparmio ammette la necessità di dotarsi di un piano qualora uscisse dall'euro, avvertendo che sarebbe grave non averlo. Così disse: "conosco troppo bene la Banca d'Italia per non credere che il Piano B già esista". Occorre però discutere per preparare i cittadini ad un'eventuale crisi. Non si comprende se l'abbandono dell'euro venga riferito soltanto al ritorno alla divisa nazionale senza pregiudicare la partecipazione all'unione economica. Rifiutare l'euro in nome di un recupero alla sovranità monetaria non rappresenta, forse, un estremo tentativo per sottrarsi ai parametri stringenti ma comunque in linea con una finanza pubblica sana e sostenibile?

Le monete complementari a sostegno dell'economia reale

Certo non è facile intervenire sul pensiero di chi considera l'euro come il male assoluto essendo proprio questa la fase che sta scontano tutte le imperfezioni sottese alla creazione della moneta unica, non ultima l'assenza di un'unione politica ed economica "reale". Eppure, nel corso di questi ultimi anni, non si è esitato a riprodurre, in Italia e non solo, l'esperimento di monete complementari quale risposta ai problemi dell'economia reale legati alla contrazione dei livelli di domanda ovvero al "credit crunch". La riproposizione di monete di questo tipo non deve stupire se si considera l'esperienza delle crisi passate: quella di Wall Street del '29; il default argentino nel 2001; e sta accadendo pure oggi. Non tutte però presentano un carattere concreto[42]; il più delle volte consistono in monete elettroniche e metodi di compensazione di crediti e debiti tra imprese (come il vecchio Wir svizzero). Rappresentano, quindi, una semplice unità di conto, al fine di denominare debiti e crediti all'interno di una comunità. Indifferentemente, Luca Fantacci, docente alla Bocconi, usa il termine "moneta cooperativa". Siffatto sistema monetario, costruito su base volontaria, si propone in maniera parallela e non alternativa alla moneta ufficiale, che continuerà ad esistere. Su base locale le monete complementari rispondono ad esigenze di coesione economica in cui la circolazione di esse è totalmente funzionale alla regolamentazione degli scambi di beni e servizi.

Oggigiorno nel mondo ne circolano diverse centinaia; molte di loro esistono da decenni. Da 60 anni il Wir copre un sesto delle transizioni svizzere. La complementarietà, tuttavia, ha origini storiche ancora più lontane di quanto si possa immaginare. Tra il XII e il XVIII secolo circolavano in Francia i Méreaux, oggetti dalla forma di moneta, emessi da soggetti o comunità senza diritto di battere moneta e validi in determinati acquisti o territori. In quegli anni, anche il Doge di Venezia diede vita ad un Ducato parallelo per rimediare alla penuria aurea. Non sarebbe difficile ipotizzare che gli scambi che tale moneta riuscì a consentire e sostenere contribuirono alla ricchezza rinascimentale. L'esperienza belga mostra tratti di notevole interesse per via degli scopi per i quali la moneta complementare è stata pensata e istituita. Nella città belga di Gand il Toreke è speso per opere sociali

---

[42] Dall'articolo di Elisabetta Tramonto, Monete parallele, in Valori, mensile di economia sociale, finanza etica e sostenibilità, n 110, Giugno 2013.

e ambientali. Sempre in Belgio, invece, l'Epi risulta indirizzato al sostegno dell'agricoltura, dell'economia locale e del commercio etico.
L'esperimento italiano di una moneta complementare si è riflesso nell'Arcipelago Scec, una valuta parallela che, proprio come il Toreke e l'Epi, mira all'economia locale attraverso la cooperazione di esercenti, produttori e consumatori che aderiscono al circuito. A titolo esemplificativo, in Sardegna, il Sardex vanta una rete di 1.500 imprese equivalenti ad un volume di scambi pari a 15 milioni di euro nel 2013. Anche per i fondatori del Sardex il modello di ispirazione è rappresentato dallo Wir svizzero. Le realtà regionali offrono vari esempi di monete complementari: il Lombard di Milano; il Turi in Sicilia; il Napo a Napoli; il BexB a Brescia ecc.

Germania europea o Europa tedesca?

Con la crisi attuale sono state rimesse in discussione la validità e l'efficacia di politiche che, rifacendosi alle più svariate teorie economiche conosciute dalla storia, sembrano aver all'improvviso esaurito ogni possibilità di recupero.
Notiamo facilmente come il corso degli eventi abbia seguito il solco tracciato a livello teorico dal ciclo di Frenkel. Questi, in maniera molto schematica ha descritto le tappe che si susseguono ogni qualvolta un Paese sviluppato decide di agganciare la propria valuta ad un'area economica più forte. È il caso dell'Italia con l'euro. L'analisi condotta dall'economista (Frenkel) si adatta alla descrizione dei rapporti tra il "centro" e la "periferia" ovvero tra i Paesi più forti e quelli più deboli nell'ambito di un cambio fisso. Secondo il suo ragionamento il Paese che accetta un'unione monetaria vede, grazie al

cambio fisso, arrivare investimenti esteri ce determinano una crescita del PIL e dell'occupazione. L'inflazione, non potendo più essere compensata con le svalutazioni, comincia ad accumularsi (sia pur di poco). La situazione peggiora a partire dal punto in cui si determina un arresto improvviso dei finanziamenti. Il cambio fisso non permette le svalutazioni necessarie a far ripartire l'economia. Come diverrà chiaro, prende avvio una fase recessiva che si manifesta nelle consuete forme. Così, senza incorrere nel rischio di cambio, il centro lucra interessi prestando denaro alla periferia. Allo stesso modo, anche la periferia trae un vantaggio iniziale in quanto riesce ad accedere al credito necessario per finanziare il suo sviluppo. Ma il centro non presta denaro alla periferia per renderla più forte, bensì per assicurare un mercato di sbocco alle proprie merci. Il debito accumulato dalla periferia serve a finanziare gli acquisti di beni dal centro. È proprio seguendo il percorso appena descritto che patire dal 1999 la posizione finanziaria netta internazionale delle Germania comincia a migliorare grazie soprattutto al cambio fisso dell'euro che ha aiutato notevolmente le esportazioni in una fase in cui cresceva la domanda estera. Fino al 1998, prima quindi dell'introduzione dell'euro, la Germania era considerata la "malata d'Europa". Il suo Pil cresceva meno di quello italiano; le famiglie tedesche, nella fase post riunificazione, per via del loro elevato indebitamento, vantavano una ricchezza netta inferiore di quella delle italiane (1.796 miliardi contro i 2.229 delle famiglie italiane); anche il debito pubblico tedesco era di gran lunga più elevato di quello italiano; la sua bilancia commerciale vantava un attivo di 64 miliardi, contro gli appena 24 dell'Italia che la relegavano al secondo posto nella classifica europea.

Tra il 1999 e il 2012 il surplus commerciale cumulato con i cinque principali Paesi del Sud Europa (Francia, Italia, Spagna, Portogallo e Grecia) ammontava a 840 miliardi di euro circa. Dal 2012 la

Germania riesce ad annullare il deficit commerciale verso i BRIC grazie ad un attivo della bilancia commerciale con questi Paesi di 13 miliardi. Inoltre, in base ad una manovra tattica, quasi militare, la Germania ha ridotto l'importazione di beni dai Paesi cosiddetti Pse preferendo quelli a basso provenienti dalla Cina. Fra il 2002 e il 2005 la Germania sforò per quattro anni di seguito il 3% di deficit sul PIL stabilito dal trattato di Maastricht.

Nel 2012 il commissario europeo agli affari sociali, Làszlò Andor (Ungheria) ha rilasciato un'intervista alla "Frankfurter Allgemeine" in cui affermava: "La Germania, con la sua politica mercantilistica ha rafforzato gli squilibri in Europa e ha causato la crisi". Il bollettino sullo stato di salute della Germania pubblicato il 6 Febbraio 2012 evidenzia un calo del 6,8% delle esportazioni nell'area euro. Vale a dire che gli ordinativi da parte dei Paesi europei hanno registrato una flessione che riflette, presumibilmente, il più generalizzato calo dei consumi e, quindi, della produzione di questi paesi. La Germania, insomma, appare orientata sempre più all'export verso destinazioni più lontane di quelle europee. Nondimeno, il "pericolo" di una egemonizzazione tedesca era stato percepito da Thomas Mann quando in una conferenza tenuta nel 1953 presso l'Università di Amburgo esortava i propri studenti a lottare "non per un'Europa tedesca, ma per una Germania europea". Tuttavia, le misure restrittive imposte ai Paesi periferici non potevano non ripercuotersi sul proprio volume dell'export. Come dimostrano i dati, la produzione industriale tedesca ha registrato a maggio un calo su base mensile dell'1,8% rispetto alla flessione dello 0,3% registrata ad Aprile.

Queste evidenze riflettono il maggiore impoverimento che interessa più parti d'Europa. A ben notare, la crisi dell'Eurozona nasce dalla crisi del debito dei PIIGS collocato all'estero: gli investitori stranieri, vedendone l'utilizzo inefficiente hanno cominciato a disfarsene o esigerne rendimenti più elevati. La Bundesbank continua ad essere ancorata ad una dottrina superata ma che, comunque, non smette di fare parte della storia e della dottrina tedesche. A mio parere, l'apprensione con cui la Germania guarda al pericolo inflazione l'ha spinta ad ignorare un aspetto altrettanto problematico: quello della deflazione[43]. L'iperinflazione che conobbe durante gli anni della Repubblica di Weimar segnò, sicuramente, la storia ed il modo di guardare ai problemi monetari futuri. In quegli anni, infatti, si stampavano banconote del valore di migliaia di miliardi di marchi per riparare i debiti di guerra. La situazione esplose, poi, con l'occupazione francese della Ruhr in segno di protesta contro il mancato versamento di alcune rate. Il 1924 rappresentò uno spartiacque nella storia della Germania, in particolare, per l'intervento finanziario degli Stati Uniti e l'introduzione di un nuovo marco. Da allora la Germania ha affrontato con le dovute cautele le questioni economiche pensando bene ai risvolti su debito e inflazione. Spettro Dall'introduzione nell'euro la Germania ha adottato una politica opposta a quella seguita da altri Paesi della moneta unica ed in particolare dall'Italia, Grecia e Portogallo, che hanno approfittato dei bassi tassi di interesse e della facilità di accesso al risparmio europeo per collocare all'estero debito pubblico per finanziare spesa improduttiva e, nel peggiore dei casi, bolle immobiliari come nel caso di Spagna e Irlanda.

La Germania, per le scelte fatte, è riuscita a vantare una situazione più favorevole con la quale si è autolegittimata a dettare, come è stato, regole capaci di influenzare le scelte europee. Dal canto loro, i Paesi periferici dell'Eurozona si trovano in una situazione che non consente

---

[43] La flebile crescita dei prezzi nell'Eurozona, soprattutto nei Paesi che più di altri hanno risentito della crisi, ha fatto riaffiorare la minaccia della deflazione. Il calo dei prezzi che è seguito all'arretramento economico generale segnala, ulteriormente, l'andamento critico delle economie europee. Dopo la Grecia e la Spagna, anche l'Italia, per la prima volta dal '59, si ritrova a dover confrontarsi con l'emergenza deflazionistica. Dal mese di Agosto 2014 l'entrata in deflazione dell'Italia è stata ufficializzata dall'Istat.

loro di fare la voce grossa per rendersi credibili o per rendere credibili i propri propositi dopo i numerosi fallimenti. Il successo della Germania durante gli anni della crisi è stato sufficiente a procurarle l'autorità di imporsi, forte della bontà, discutibile, delle proprie decisioni di politica interna.

Va, però, ricordato che dall'introduzione dell'euro i benefici per la Germania non furono immediati; semmai furono il risultato di piccoli vantaggi ottenuti nel tempo grazie anche ad alcune riforme fatte in tempi non sospetti, al fine, soprattutto, di contenere il costo del lavoro per unità di prodotto, la spesa pubblica e i consumi interni con l'obiettivo precipuo di contenere inflazione e aumentare le esportazioni. Nel 2006 l'economista Nouriel Roubini aveva parlato di "deflazione competitiva tedesca".

Giocando d'anticipo è riuscita a beneficiare e a dare prova, maggiormente durante gli anni della crisi, dell'efficacia delle proprie scelte. Sulla scia tedesca, anche l'Italia comincia a riflettere sul costo del lavoro; in merito a quest'ultimo aspetto il capitolo che segue offrirà una riflessione dettagliata anche alla luce dei più recenti interventi normativi.

4
INDIVIDUI, LAVORO E SOCIETA'

Inevitabilmente, le grandi tematiche economiche interagiscono con le istituzioni, la società e la vita politica sebbene gli aspetti economici non costituiscono che una parte della vita civile e delle relative problematiche; la sfera economica, infatti, pur costituendone una porzione rilevante finisce con l'assorbire tutte le altre al punto da spostare in economia (e ridurre a mero calcolo) ogni altro aspetto. I numeri, le formule matematiche e le statistiche su cui essa poggia no ne fanno una scienza esatta come dimostrato dalle crisi economiche che la storia ha conosciuto. Per dirla con le parole di A. Fazio "l'economia è, in primo luogo, una scienza applicata e la pratica della stessa e lo studio dei fatti generano e arricchiscono la teoria". Le teorie politico sociologiche di Griziotti e Mosca affermano che, per comprendere i fenomeni finanziari, non sono sempre sufficienti gli strumenti tipici dell'economia, ma è opportuno soffermarsi sul movente politico e sociologico dell'attività finanziaria dello Stato.

Creare un'identità europea

Intellettuali di spicco (anche tedeschi), fra cui Jurgen Habermas, da tempo auspicano la necessità di una Costituzione europea quale strumento di democrazia e libertà per l'Europa e per tutti i cittadini europei. Una Carta Costituzionale Europea potrebbe essere considerata uno strumento per ridurre le distanze tra Paesi europei determinate dalla mancanza di una politica economica comune. Una Costituzione europea potrebbe costituire il primo passo per accrescere il senso di appartenenza di ogni cittadino alla più vasta Europa e superare le prevenzioni e le ostilità tra e verso Paesi europei oggi acuitesi anche in seguito alla crisi che ha segnato una demarcazione ancora più netta tra di essi. Le differenze tra Paesi oggi vengono ancora più marcatamente rappresentate da pochi lettere e segni fissati da quelle agenzie, al centro di non poche discussioni, dal cui giudizio dipendono la fiducia degli investitori e i livelli di spread. Questi giudizi si riassumono in un'elencazione di Paesi "sicuri" ad elevato rischio default[44]. Inoltre non è mancata l'innovativa proposta, avanzata in vari scritti, di costituzione di un fondo sovrano europeo (Fse) capace di contribuire alle esigenze di sviluppo e alle strategie economiche dei paesi dell'eurozona[45]. Non va dimenticato che l'antecedente storico della proposta di Curzio risale a Jaques Delors che già nel 1992 ipotizzava la creazione di titoli del debito pubblico europei per la costruzione di infrastrutture continentali. Ovviamente la costituzione di un "fondo sovrano europeo" non è cosa da poco. Molti aspetti, anche problematici, andrebbero analizzati con dovizia di particolari, in particolare quelli sulla trasparenza e la correttezza nel modo di operare. L'idea dello studioso (Curzio) vuole il fondo sovrano europeo impegnato in investimenti all'interno dell'area dell'euro attraverso finanziamenti ad imprese, infrastrutture domestiche e banche. In termini economici, l'utilizzo di questi fondi eviterebbe, in caso di crisi dei sistemi bancari, eccessive esposizioni dei bilanci statali. I casi dell'Irlanda e della Spagna dimostrano quanto sia costato ai conti pubblici il sostegno alle banche nazionali. Sulla questa scia riscontriamo anche il piano di Van Rompuy per l'unione bancaria, un piano condiviso dalla Germania seppur limitatamente alla proposta di unificazione delle attività di vigilanza sugli istituti di

---

[44] Alberto Quadrio Curzio, Un fondo sovrano con l'oro d'Europa, in Il Sole 24 Ore, 5 Febbraio 2008.
[45] Alberto Quadrio Curzio e Valeria Miceli, Fondi sovrani: i nuovi attori dell'economia mondiale, in Il mulino, 3, 2008.

credito, attività attualmente svolta dalla singole banche centrali nazionali.

Vagheggiare il lavoro

L'attuale crisi economica e le relative conseguenze sul versante occupazionale, determinando un'emergenza sociale di ampia portata, hanno portato a guardare con maggiore apprensione al problema povertà. Quest'ultimo interessa aree sempre più vaste dell'Unione, riguardando soggetti che un tempo, per la posizione sociale raggiunta, consideravano improbabile l'evenienza di dover fronteggiare una tale situazione. Se agli effetti della congiuntura economica aggiungessimo le conseguenze catastrofiche delle politiche di austerità richieste in sede europea, non si fatica ad immaginare la percezione collettiva nei confronti ti tale entità politica sovraordinata; una percezione, chiaramente, negativa. L'obiettivo sotteso alla nascita dell'Ue si sfalda sotto le pressioni fiscali a cui ciascuno stato membro deve, a prescindere da tutto, adeguarsi. Il ruolo equilibratore attribuito alle crisi determina un assestamento su minori livelli di produzione, occupazione e reddito. La preoccupazione che desta maggiore perplessità non attiene tanto ai numeri della disoccupazione, bensì alle conseguenze di un meccanismo redistributivo perverso che, accrescendo le distanze tra chi è sempre più ricco e chi non lo è (o non lo è più) fa emergere, come più volte accennato, il rischio povertà in fasce sempre più ampie. L'economista francese Richard Cantillon sottolineava più di 250 anni fa, dimostrandolo, che non può esistere una società nella quale i patrimoni siano equamente distribuiti tra tutti gli individui. Lo stesso Cesare Beccaria, condannando la proprietà concentrata in poche mani, inseriva tra i motori del progresso i dislivelli sociali ed il conseguente desiderio dei cittadini di migliorare la propria condizione. Ma questa corrente di pensiero che si rifà all'idea contrattualista e Kantiana di John Rawls ed esposta in Una teoria della giustizia, secondo cui le inuguaglianze possono sussistere a patto che massimizzino la condizione dei più svantaggiati, si è dissolta nell'aria[46]. Sulla stessa linea è il programma dello "Stato minimo" di Nozick che condannando come intrusiva della sfera delle libertà e dei diritti individuali ogni forma di intervento redistributivo, conferiva forza al concetto di deregulation, quella stessa deregulation che ha portato alla finanziarizzazione dell'economia nelle forme che abbiamo conosciuto. Una lettura meno approssimativa della crisi attuale, che tenga conto delle dinamiche in corso, offrirebbe utili elementi per la comprensione della questione "lavoro" che, a livello mondiale, ha assunto toni di elevata gravità.

Senza pretendere di affrontare un argomento così vasto e di non facile trattazione come quello del mercato del lavoro e delle relative problematiche, accenno la teoria di Marx il quale spiega la ricorrenza delle crisi con la caduta degli investimenti. A questa interpretazione prevalente, per lo più, in quei marxisti influenzati da Keynes e dal neoricardismo, fa riferimento la "crisi da realizzazione" ovvero da insufficienza di domanda. Secondo questo filone di pensiero, dopo la controrivoluzione monetarista degli anni Ottanta del Novecento sono intervenuti significativi mutamenti nella distribuzione del reddito, mutamenti che hanno visto ridursi la quota di reddito spettante ai salari e, conseguentemente, i consumi. Dopotutto, i recenti interventi di policy mirano ad incidere su questo aspetto attraverso un incremento del reddito disponibile dai cittadini. In quest'ottica si

---

[46] E. Berselli, op. cit. pag. 32.

inserisce il bonus fiscale disposto con Decreto n. 66 del 24 aprile 2014 che vede attribuiti, in misura fissa, 80 euro al mese a lavoratori dipendenti e assimilati con reddito lordo complessivo tra 8.174 e 24 mila euro. Tuttavia, l'obiettivo dichiarato di dare una spinta ai consumi interni, potrebbe non sortire l'effetto auspicato sul versante dell'offerta. Sicuramente il maggiore reddito disponibile genererà, ove non assorbito dalla pressione fiscale o dall'inflazione, maggiori livelli di consumi che potrebbero andare a beneficio di altri Paesi se non rivolti alla produzione interna[47]. È facile notare come su un paniere di prodotti acquistati dal consumatore tipo, una buona parte di essi provengano dall'estero. La crisi attuale ha determinato un deterioramento delle condizioni del mercato del lavoro, complice anche la globalizzazione che ha consentito che intere produzioni venissero dislocate in Paesi dove il costo della manodopera risulta nettamente inferiore. È pur vero che l'evoluzione della società ha visto fiorire determinati settori produttivi a scapito di altri. Infatti, se per tutto il Medioevo fino ai tempi di Smith, ovvero, all'avvento della società industriale la ricchezza era soprattutto agricola e frutto del lavoro dei contadini, a distanza di secoli, la "società dei servizi" fa da padrona nel sistema economico generale. Inoltre, alle trasformazioni che hanno interessato il mercato del lavoro anche con le forme contrattuali atipiche che lasciano guardare al lavoro alle dipendenze a tempo indeterminato come ad un mito di un passato non più ripetibile, devono farsi corrispondere adeguati sistemi di protezione sociale. Nel contesto della società contemporanea appare quanto mai inderogabile

---

[47] La stima elaborata dall'Ufficio Economico Confesercenti, sulla base di un sondaggio Confesercenti-Swg, ha previsto un incremento della spesa delle famiglie di 3,1 miliardi di euro nel solo 2014. Nel sondaggio, oltre la metà (il 54%) di coloro che hanno avuto il bonus ha dichiarato di spenderlo sia per il pagamento di debiti pregressi (il 14%) che per l'acquisto di beni e servizi (40%). Una propensione al consumo importante, che però denota la condizione difficile in cui versano le famiglie italiane. Solo il 18%, infatti, ha deciso di mettere da parte la somma: in parte, probabilmente, per l'incertezza sul futuro, ma anche per iniziare a ripristinare il risparmio eroso in questi anni di crisi.

la necessità di legare un nuovo welfare alla nuova configurazione del lavoro. Non intervenire su tale questione sarebbe come porre le basi ed alimentare una futura emergenza sociale di classi giunte al termine di un'estenuante vita lavorativa – fatta di alternanza tra inoccupazione e varie esperienze lavorative precarie – prive del supporto pensionistico conosciuto dalle generazioni passate. Tornare ai vecchi modelli per stare meglio?

Un perverso sistema finanziario

La natura della crisi dell'economia reale affonda le radici nel peggior uso del sistema finanziario i vari operatori del mercato hanno assecondato fino all'esplosione dello stesso. La finanziarizzazione di ogni aspetto della vita non solo economica ma anche sociale, ha fatto perdere centralità al lavoro propriamente inteso, creativo e produttivo. Ciò che ne resta, a distanza di pochi anni, è la desertificazione industriale di un paese che per tanto tempo, tra alti e bassi, vantava un significativo peso industriale, grazie alle proprie eccellenze produttive apprezzate ovunque. Se da un punto di vista meramente distributivo si riduceva la quota di reddito spettante alla remunerazione del fattore lavoro, "la miglior parte della torta" – così la chiamava Keynes nelle Conseguenze economiche della pace – che i lavoratori avevano contribuito a produrre, veniva, dai capitalisti, impiegata prevalentemente in operazioni speculative piuttosto che in investimenti reali.

Partendo dall'innegabile assunto che il denaro rappresenti una condizione necessaria per l'intrapresa di affari, è facile concludere che esso rappresenti un valore quando agisce virtuosamente, innovando e producendo per il bene della società invece di ricercare parassitismi o rendite speculative. I diritti sociali perdono campo e finiscono per essere barattati sul terreno di un Welfare State che, con molta evidenza, risulta avviato verso una fase di snellimento. Un tale contesto la tenuta sociale è veramente legata ad un filo; non si è certi fino a quando essa reggerà; certo è che si stanno indebolendo i cordoni dei già precari equilibri che lo Stato è riuscito con dosi di regulation a garantire. L'illiquidità dei mercati finanziari all'inizio della crisi e la loro incapacità di definire prezzi ragionevoli per i loro attivi finanziari hanno consentito perdite finanziarie superiori a quelle economiche. Nella logica di tali meccanismi, la ricchezza che si creava in borsa e che era incorporata in titoli variamente strutturati, non corrispondeva ad una ricchezza reale prodotta anche col concorso del fattore lavoro. La riflessione di Minsky sul capitalismo "finanziariamente sofisticato" del Novecento che genera alternanza tra euforia e panico, appare quanto mai appropriato per spiegare la crisi attuale[48]. In un contesto di bassi salari i consumi venivano sostenuti dall'indebitamento delle famiglie americane e non dalla spesa pubblica, dalle esportazioni o dal consumo salariale. Mantenendoci nei limiti del contesto italiano constatiamo – con non poca preoccupazione – le notevoli sperequazioni reddituali che aggravano una situazione di per sé critica.

Il nuovo modello "sociale" europeo

---

[48] R. Bellofiore, La crisi capitalistica, la barbarie che avanza, Asterios, 2012.

La portata internazionale della problemi contrasta la capacità di ogni singolo Stato, di fronteggiarli adeguatamente. Lo sforzo che singolarmente ciascun Paese offre rischia di essere, pertanto, vanificato se non correlato ad un ampio e coordinato programma europeo condiviso piuttosto che imposto. Così, le questioni dell'occupazione (e quindi della già citata mobilità del lavoro), dell'evasione fiscale, dell'inquinamento ambientale, dell'immigrazione richiederebbero una gestione a livello europeo. In Europa occorre recuperare, prima di tutto, quel perduto senso di appartenenza alla base di rapporti solidaristici e non conflittuali tra gli stessi Stati membri.

Il raggiungimento di tale obiettivo richiede risultati concreti che vedono l'Europa, questa volta, nella posizione di soggetto non che prende, ma che piuttosto, dà. I nuovi modelli di intervento orientati alla coesione sociale suggeriscono una maggiore consapevolezza europea di contribuire in maniera positiva ai problemi. Crediamo che l'Europa, al di là della ferrea disciplina di bilancio e dell'austerity che ne è conseguita, debba porsi obiettivi lungimiranti per una crescita ed uno sviluppo dei Paesi che ad essa hanno aderito. Pur volendo accettare l'idea che il rigore fiscale e l'equilibrio dei conti perseguito al costo di sacrifici immani, rappresentino la condizione necessaria per la tanto attesa ripresa economica, sembra ormai chiaro che non si possa attendere ulteriormente. In tal senso l'Europa ha una grande responsabilità; a tal scopo starebbe cominciano a maturare la consapevolezza di poter fare molto di più di quanto hanno fatto e potrebbero fare singolarmente i singoli Stati.

Del resto, il rigore finalizzato al risanamento dei conti pubblici avrebbe senso solo se messo in relazione all'ultimo e più ampio obiettivo della crescita. Chiunque si avvicini alla questione in modo serio, quasi scientificamente oserei dire, comprende quanto sia auspicabile e socialmente sostenibile un riequilibrio dei conti garantito da più alti livelli di Pil piuttosto che da un'elevata tassazione che colpisce, fin quando esiste, una base imponibile sempre più assottigliata. Ma questo è un obiettivo tanto ambizioso quanto difficile da conseguire; difficile, ma non impossibile, poiché richiederebbe un'interpretazione dei problemi e della società più ampia di quella che finora la politica ha saputo esprimere. Abbiamo più volte fatto riferimento nel corso di questo scritto alla rozza maniera, propagandistica ed approssimativa, della politica di trattare argomenti che meritano, invece, maggiore serietà e preparazione. Parlando di politica, Alessandro Volpi scrive nel suo saggio[49] "essa deve avere l'umiltà di ripartire dalla buona amministrazione, dalla tecnica delle soluzioni ai problemi reali". Molto spesso il linguaggio della politica rincorre, in maniera troppo infantile, un sistema di valori che, laddove credibili, risulta adeguato ed anacronistico e "rischia di produrre un costante senso di straniamento dalla realta" continua lo stesso Volpi. Nulla appare più condivisibile delle sue parole quando, inoltre, afferma che "il sistema valoriale deve essere ricostruito muovendo dalla buona amministrazione, dall'esempio concreto, dalla dimostrazione del si può fare".

L'emergenza sociale in atto impone di guardare ai problemi con un'attenzione ed una sensibilità che vanno oltre il gelido calcolo dei numeri. Le statistiche rilevano, con riferimento all'Italia nel 2013, una contrazione dei consumi alimentari rispetto all'anno precedente (2012). L'emergenza povertà ha messo a nudo il fallimento della politica a 360°. Dinnanzi alle conseguenze della crisi, questa politica si è mostrata cieca ed impreparata. La sua azione disastrosa ha continuato a proseguire preoccupandosi del pareggio di bilancio e del rientro dagli spropositati debiti pubblici. La mancanza di flessibilità ha

---

[49] A. Volpi, "Sommersi dal debito", altreconomia edizioni, Milano, 2011.

costituito un terreno a più riprese battuto, in ultimi, in occasione del semestre europeo in cui il ministro dell'economia italiano presiederà il primo Ecofin. Il problema della flessibilità non si porrebbe in quanto già inserita nelle regole del Patto di stabilità. Tuttavia, Germania e Olanda, guardano con diffidenza all'Italia e a tutti quei Paesi che chiedono minor rigore in vista delle riforme per la crescita. Spiegando le linee guida della Legge di stabilità per il 2015, il ministro dell'economia Padoan annuncia come essa punti a "favorire la crescita, aggredire le cause della scarsa competitività e proteggere e favorire le fasce più deboli confermando i tagli di tasse". La sua posizione è alternativa a quella degli euroscettici che propendono per una dissoluzione dell'Europa e della moneta unica. Parlando di fasce deboli e del rischio povertà, l'Europa sembrerebbe, con il SIP (Social Investment Package), muoversi sulla corretta via per una crescita che tenga conto delle istanze sociali. Il Social Investment Package rappresenta, pertanto, il principale contributo della Direzione Generale per l'Impiego agli obiettivi di inclusione sociale di Europa 2020. L'Europa sta giocando la carta del sociale per spingere l'area della moneta unica fuori dal vicolo cieco in cui appare intrappolata. È una carta che si sarebbe dovuta giocare fin dagli inizi della crisi; costi umani altissimi si sarebbero potuti, forse, risparmiare. Con il Sip, l'Europa sembrerebbe inaugurare un nuovo modello sociale che, però, deve essere in linea con la governance economica dell'Unione Europea. Così, il futuro che si vuol dare l'Europa sembra partire non già dalle tradizionali teorie economiche che ha sperimentato la storia che abbiamo alle spalle; bensì dall'economia sociale di mercato a cui viene attribuita l'ambizione di fare ripartire la crescita nell'Eurozona. Sua principale caratteristiche fu l'innegabile riconoscimento dei diritti della persona in cui la sfera economica assume rilevanza dato che rappresenta lo spazio in cui l'attività umana trova compimento.

L'attuale sfida politica mira, dunque, ad imprimere una maggiore impronta sociale ad un'Europa che, dopo molto tempo, ha cominciato a mostrare un interesse a sviluppi economici differenti da quelli battuti sulla via del liberismo, teoria economia fino ad oggi dominante.

Aver riconosciuto e compreso il valore di certe dinamiche attinenti ad aspetti della vita sociale costituisce un primo grande passo per cominciare ad affrontare le contingenze da una prospettiva nuova, rinnovata. Nonostante il sentiero solcato dalla mirabile analisi di alcune menti del passato che, con maggiore larghezza di vedute hanno affermato l'importanza di una riflessione collegata e non estranea al paradigma economico. L'abilità e l'attualità di questi grandi uomini della storia recente trovano maggiore riconoscimento nel contesto dei problemi attuali. Gli orientamenti assunti dall'UE nell'ambito del Sip non possono che riportare alle ragioni di fondo dell'economia sociale di mercato su cui fiumi di inchiostro si sono consumati. L'economia sociale di mercato oltre a rappresentare un ordinamento economico tenuto ben distinto dallo stato capitalista e da quello sociale assistenzialista, costituisce un sistema di valori di cui il mercato e l'economia in generale – se ci pensiamo – non possono farne a meno.

La "Terza Via" riporta ad un concetto tanto caro all'economia sociale di mercato ovvero al tentativo di coniugare efficienza, aspetti solidaristici e redistributivi delle risorse prodotte. Occorre precisare che tali presupposti non debbano farsi corrispondere ad un volgare, generalizzato e, che Dio ce ne scansi, generalizzato sentimentalismo di falsa bontà. A tal scopo, qualunque approfondimento dei principi dell'economia sociale di mercato si imbatte nella voce della Chiesa; in particolare accennerò alla "Caritas in veritate" di Benedetto XVI che offre una semplice ma concreta sintesi di ogni interpretazione: "senza una modalità di azione solidale e improntata alla fiducia reciproca al suo interno, il mercato non può svolgere appieno la propria funzione economica. È nell'interesse del mercato di promuovere l'emancipazione, ma per raggiungerla, non deve far conto solo di questa, perché non è in grado di ottenere ciò che supera le sue possibilità. Quindi esso deve poter disporre delle forze morali di altri soggetti che sono alla sua origine". I successi conseguiti in passato dall'economia sociale di mercato la vedrebbero, oggi, impegnata ad affrontare la sfida globale della crisi in atto. Chiaramente, portare avanti idee di questo tipo, al fine di replicare i successi della Germania dopo la crisi della Repubblica di Weimar, presuppone l'esistenza di una classe politica adeguata. Come è facile notare, il riferimento, non a caso, va, ancora una volta alla Germania.

Avevamo a suo tempo anticipato, nelle pagine che precedono, ai successi della Germania, attribuendoli alla capacità di questa nazione di giocare d'anticipo anticipando le riforme necessarie a porre le basi per uno sviluppo economico di lungo periodo. A questo punto possiamo, dunque, approfondire ciò che sta dietro, per usare le parole di E. Berselli[50], "la grande macchina organizzativa ed industriale tedesca". Nel modello socioeconomico dell'economia sociale di mercato di cui Wilhelm Ropke, per primo, offre una vera e propria teorizzazione, viene riconosciuto l'intervento statale finalizzato, però, a garantire la realizzazione della totalità degli individui: la cosiddetta giustizia sociale. Insieme a Ropke, economisti dello spessore di Walter Eucken e Friedrich van Hayek avevano aperto a quella "Terza Via", quella rappresentata dall'economia sociale di mercato, allo scopo di conciliare la sfera economica con quella umana. Analoghe assonanze si riscontrano, dopo più di settant'anni, in un passaggio del compendio della dottrina sociale della Chiesa (2004): la dottrina sociale della Chiesa, pur riconoscendo al mercato la funzione di strumento insostituibile di regolazione all'interno del sistema

---

[50] E. Berselli, op. cit.

economico, mette in evidenza la necessità di ancorarlo a finalità morali, che assicurino e, nello stesso tempo, circoscrivano adeguatamente lo spazio della sua autonomia"[51]. Non potendo predire con certezza che il modello appena descritto possa offrire la soluzione per trarci fuori dal vicolo ceco della crisi, riconduciamo le tappe del successo postbellico della Germania alla politica di Konrad Adenauer. Fondatore della Cdu, cattolico conservatore, acceso oppositore del nazismo e per questo imprigionato, padre fondatore insieme a Jean Monnet, Robert Schuman e Alcide De Gasperi della Comunità Europea, ad Adenauer si deve l'ampio piano di riforme alla base del c.d. Wirtschaftswunder, ossia del miracolo economico. Non si può, pertanto, sottovalutare la necessità di promuovere relazione sociali eque, prima ancora che economiche, che non contrastino con il rispetto della dignità e della vita umane. L'euforia riposta nel mercato e sui risultati che questo era in grado di garantire hanno portato in secondo piano gli aspetti umani che, invece, più degli altri, andavano preservati. L'efficienza produttiva non può essere tenuta separata dallo sviluppo del capitale umano[52]. Sebbene appaia difficile crederlo, questo è un importante fattore dello sviluppo economico e sociale. La non comprensione colpevole e spietata di questo concetto ha finito con il dipanare non solo la società, ma anche il sistema economico dell'elemento di cui si è nutrito e di cui ha prosperato. La Germania, invece, con più lungimiranza di ogni altro Paese, aveva posto enfasi sul capitale umano. Porter, nella parte del suo libro dedicata alla Germania, individuava il successo economico tedesco, oltre che in un'adeguata linea di politica economica, proprio nello sviluppo del capitale umano.

---

[51] Compendio della dottrina sociale della Chiesa (2004), n. 349, che riporta Paolo VI, Octogesima adveniens (1971).
[52] M. Porter, Il vantaggio competitivo delle nazioni, Mondadori, 1991.

Tuttavia, si è continuato a sottovalutare questo aspetto anche di fronte agli esiti negativi che dal depauperamento del capitale arrivano fino all'impoverimento economico dello stesso. Che sia stata proprio quest'ultima forma di impoverimento, quella economica, a destare la preoccupazione per un'Europa troppo attenta agli indicatori economici? Difficilmente un ragionamento attento ed imparziale può condurre a conclusioni diverse. L'affermazione del paradigma neoclassico, determinando una separazione netta tra l'analisi positiva dell'agire economico e quella normativa dei valori dell'etica, ha offuscato – o per essere più diretti – quell'accezione dell'etica che riconosce l'esistenza, nella funzione obiettivo degli individui, di fini diversi da quello del puro interesse egoistico[53]. La stessa definizione di "fallimento del mercato" che si riferisce ai risultati non ottimali raggiunti dall'economia di mercato, non annovera tra le sue cause il fallimento sociale di individui e famiglie escluse, prima di passare all'emarginazione sociale, sia dalle dinamiche economiche che da un'adeguata protezione di welfare.

A questo stato di cose ha contribuito l'indebolimento delle istituzioni economiche e sociali la cui attività ha proceduto "a tentoni" proprio quando erano richiesti interventi mirati e di ampio respiro. Nella direzione del consolidamento dei conti, l'ulteriore riduzione della spesa sociale ad esso finalizzata, considerata alla stregua di qualsiasi altro costo improduttivo piuttosto che un investimento per il futuro, ha accelerato quella già avviata corsa al ribasso delle condizioni economiche e sociali. Creare un contesto di condizioni più favorevoli alla crescita, soprattutto attraverso una maggiore attenzione ai livelli di benessere considerati e riferiti all'insieme di tutte le componenti della società, costituisce l'obiettivo di fondo del Trattato di Maastricht.

---

[53] A. M. Tarantola, Etica, Mercati finanziari e Ruolo del Regolatore, Lectio Magistralis, Venezia, 30 Settembre 2011.

BIBLIOGRAFIA

- L. Silk, Crisi d'identità degli economisti, in D. MERMELSTEIN, Economisti a confronto, vol. I, Napoli, 1976.

- L. Thorow, The Zero Sum Society, trad. It. Bologna 1981.

- The Means to prosperity, Macmillan and Co., London 1933, in La Riforma Sociale n. 3 – 4, 1933.

- L. Einaudi, Il mio Piano non è quello di Keynes, scritti inediti raccolti da F. Forte, Rubbettino, 2012.

- I. Musu, Il debito pubblico, Il Mulino, 2006.

- La caduta della Società Generale di Credito Mobiliare Italiano, in Giornale degli economisti, 1896, ristampato in Scritti vari di economia, serie terza, Roma Castellani, 1910.

- P.A. Toninelli, Storia d'impresa, il mulino, Bologna, 2006.

- It's back. Japan's slump and the return of the Liquidity Trap, Brookings Papers on Economic Activity, 1998.

- L. Einaudi, Fondo disponibile di risparmio e lavori pubblici, in "Il mio piano non è quello di Keynes", scritti inediti raccolti da F. Forte, Rubettino Editore, 2012.

- A. Volpi, Sommersi dal debito, Altreconomia edizioni, Novembre 2011.

- P. Giarda, Elementi per una revisione della spesa pubblica, Rapporto 2012.

- Documento di Economia e Finanza 2013.

- J. Santer, in Infoeuro, Bollettino d'informazione della Commissione Europea, Maggio, 1998.

- Alan Parguez, Il fallimento atteso dell'unione economica monetaria europea: una moneta falsa contro l'economia reale, Doc. 5, ME-MMT DOCUMENTI, in www.memmt.info.

- A. Pedalino, L'euro nel sistema monetario internazionale, Liguori editori, Napoli, 2005.

- Elisabetta Tramonto, Monete parallele, in Valori, mensile di economia sociale, finanza etica e sostenibilità, n 110, Giugno 2013.

- Alberto Quadrio Curzio e Valeria Miceli, Fondi sovrani: i nuovi attori dell'economia mondiale, in Il mulino, 3, 2008.

- Alberto Quadrio Curzio, Un fondo sovrano con l'oro d'Europa, in Il Sole 24 Ore, 5 Febbraio 2008.

- R. Bellofiore, La crisi capitalistica, la barbarie che avanza, Asterios, 2012.

- M. Porter, Il vantaggio competitivo delle nazioni, Mondadori, 1991.

- Compendio della dottrina sociale della Chiesa (2004), n. 349, che riporta Paolo VI, Octogesima adveniens (1971).

- A. M. Tarantola, Etica, Mercati finanziari e Ruolo del Regolatore, Lectio Magistralis, Venezia, 30 Settembre 2011.

- E. Rossitto, L'instabilità del capitalismo finanziario, Città aperta edizioni, 2010.

- E. Berselli, L'economia giusta, Einaudi 2010.

- A. Fazio, Razionalità economica e solidarietà, Laterza, 1996.

- L. Signorini, I Visco, L'economia Italiana, terza edizione 2002, Il Mulino, Bologna.

Prefazione 2

1 Disoccupazione, consumi ed investimenti   7

La spiegazione keynesiana, p. 9 – Il debito pubblico e Lo Stato tassatore, p. 17 – Spesa pubblica e debito, p. 20.

2 La crisi della finanza pubblica italiana. Un difficile risanamento   28

Il peggioramento nei conti pubblici e l'austerity italiana, p.29 – Quali premesse per la crescita? p. 37 – La posizione dei Nobel dell'economia, p.40 - Crescere per risanare: l'importanza delle riforme, p. 42 - Qualche considerazione sul concetto di Out Gap, p. 43.

3 Moneta unica in un'Europa divisa   47

Le origini europee: il ripasso storico, p. 49 – L'esperienza delle svalutazioni competitive, p. 50 – La probabile uscita dall''euro, p. 52 - Il dopo euro, p. 62 – Le monete complementari a sostegno dell'economia reale, p. 64 – Germania Europea o Europa tedesca? p. 65.

4 Individui, lavoro e società   71

Creare un'identità europea, p. 73 – vagheggiare il lavoro, p. 74 – Un perverso sistema finanziario, p. 77 – Il nuovo modello "sociale" europeo, p. 79.

BIBLIOGRAFIA   **P. 87**

www.ingramcontent.com/pod-product-compliance
Lightning Source LLC
Chambersburg PA
CBHW070426180526
45158CB00017B/814